【文庫クセジュ】

ハドリアヌス帝

文人皇帝の生涯とその時代

レモン・シュヴァリエ/レミ・ポワニョ著
北野　徹訳

白水社

目次

28 ミセヌム
29 タレントゥム
30 シュバリス
31 アグントゥム
32 カルヌントゥム
33 アクィンクム
34 ゴルシウム
35 サルミゼゲトゥサ
36 サロニカ
37 オエスクス
38 ニコポリス・アド・イストルム
39 アテナイ
40 ビュザンティオン
41 シノペ
42 トラペズス
43 エフェソス
44 セリヌス
45 エデッサ
46 アンティオケイア
47 ニケフォリオン
48 パルミラ
49 ダマスカス
50 ベリュトス
51 イェルサレム
52 ガザ
53 ゲラサ
54 ペルシオン
55 アレクサンドレイア
56 キュレネ
57 ハドリアノポリス
58 レプティス・マグナ
59 トゥッガ
60 カルタゴ
61 ヒッポ・レギウス
62 ザライ
63 ランバエシス
64 ゲメッラエ
65 サラ

追加図版Ｉ　ローマ帝国（ハドリアヌス時代末期）

（属州名）

A　アルペス・アトレクティアナエ・エト・ポエニナエ
B　アルペス・コッテエィアエ
C　アルペス・マリティマエ
D　ケルソネスス

（都市名）

1　ルグウアリウム
2　エブラクム
3　デウァ
4　イスカ
5　ウェルラミウム
6　フォルム・ハドリアニ
7　コロニア・アグリッピネンシス
8　モゴンティアクム
9　ルグドゥヌム
10　ネマウスス
11　カラグッリス
12　ビルビリス
13　タッラコ
14　セゴブリガ
15　エメリタ
16　ウィパスカ
17　イタリカ
18　コルドゥバ
19　カストゥロ
20　ガデス
21　ティンゲンテラ
22　アクィレイア
23　ウェレイア
24　ラウェンナ
25　ハドリア
26　ローマ
27　オスティア

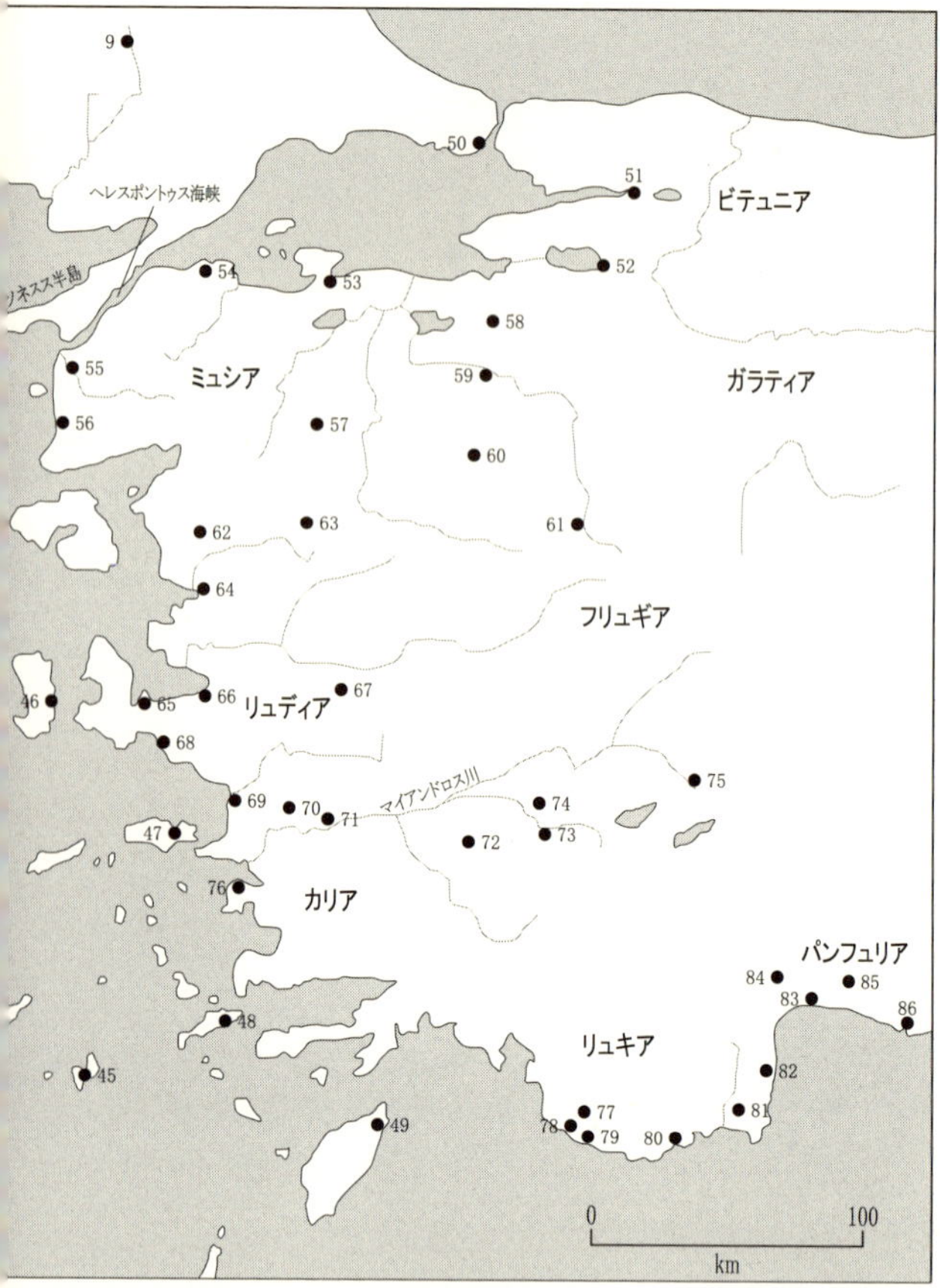

49　ロドス
III　小アジア側
（都　市）
50　ビュザンティオン
51　ニコメディア
52　ニカエア
53　キュジコス
54　パリオン
55　イリオン
56　アレクサンドレイア・
トロアス
57　ハドリアヌテライ
58　プルサ
59　ハドリアノイ
60　ハドリアネイア
61　アエザニ
62　ペルガモン
63　ストラトニケイア・
ハドリアノポリス
64　エライア
65　エリュトラエ
66　スミュルナ
67　サルディス
68　テオス
69　エフェソス
70　マグネシア
71　トラッレス
72　アフロディシアス
73　ラオディケイア
74　ヒエロポリス
75　アパメイア
76　ミレトス
77　クサントス
78　レトゥーン
79　パタラ
80　アンドリアケ
81　ロディアポリス
82　ファセリス
83　アッタレイア
84　テルメッソス
85　ペルゲ
86　シデ

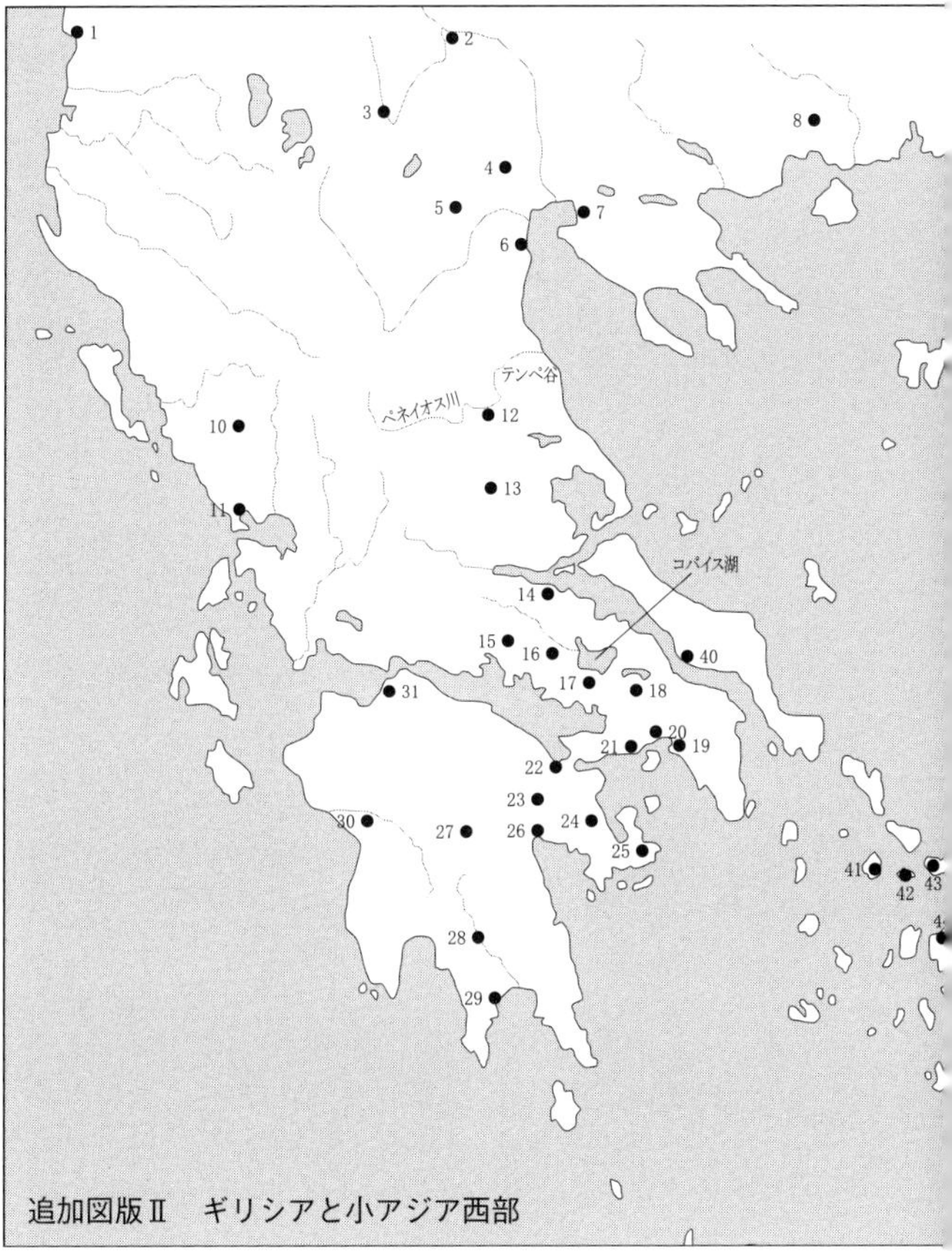

追加図版Ⅱ　ギリシアと小アジア西部

Ⅰ　ギリシア側
（都　市）
1　デュッラキウム
2　ストビ
3　リュンケスタイのヘラクレイア
4　ペラ
5　ベロイア
6　ピュドナ
7　テッサロニカ
8　フィリッピ
9　ハドリアノポリス
10　ドドナ
11　ニコポリス
12　ラリサ
13　ファルサロス
14　エラティア
15　デルフォイ
16　カイロネイア
17　テスピアイ
18　テバイ
19　アテナイ
20　エレウシス
21　メガラ
22　コリントス
23　ネメア
24　エピダウロス
25　トロイゼン
26　アルゴス
27　マンティネイア
28　スパルタ
29　ギュティオン
30　オリュンピア
31　パトライ

Ⅱ　エーゲ海の島
（都　市）
40　カルキス
41　シュロス
42　デロス
43　ミュコノス
44　ナクソス
45　アスティパレア
46　キオス
47　サモス
48　コス

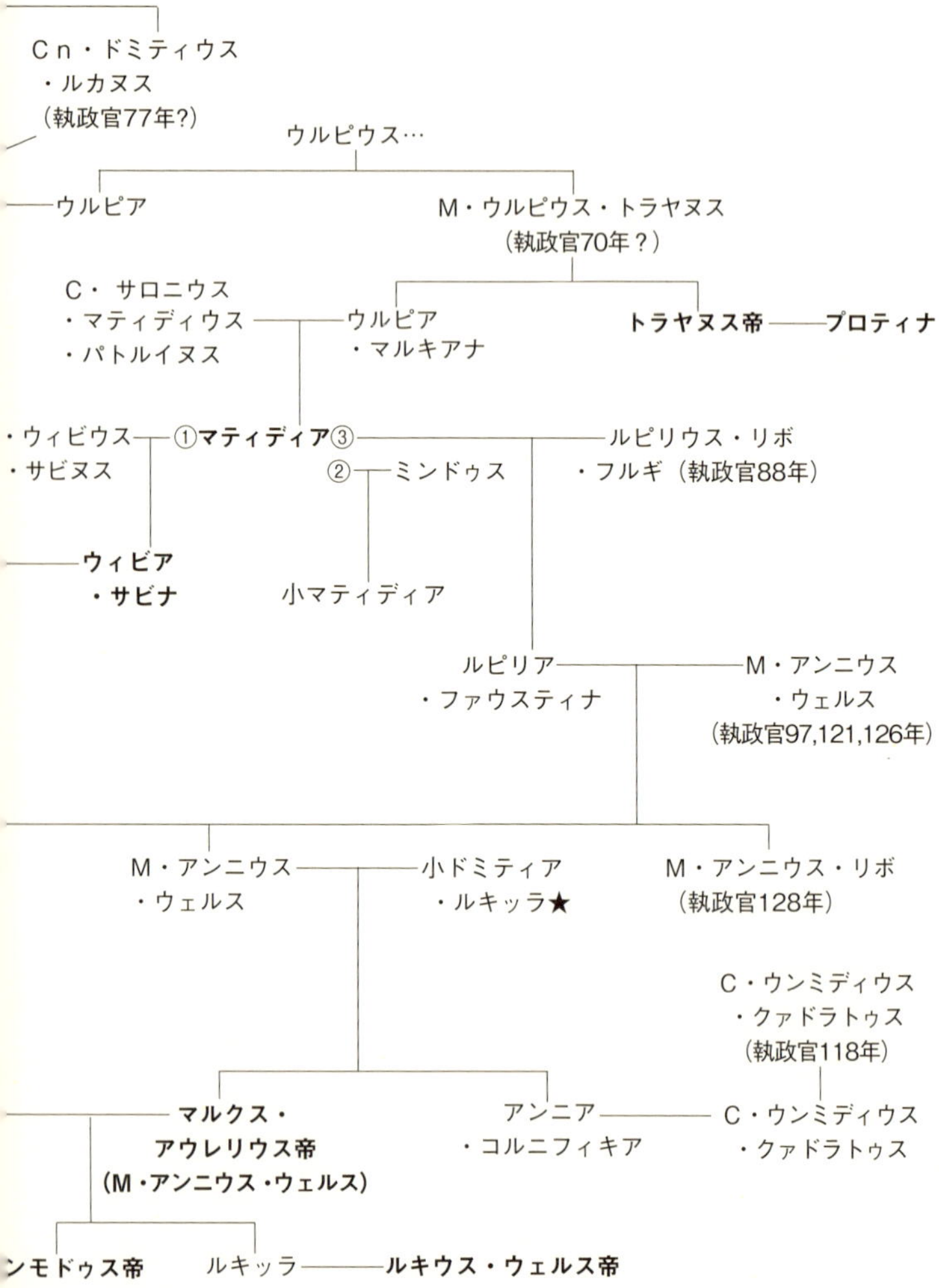

Cn・ドミティウス
・ルカヌス
（執政官77年?）
ウルピウス…
ウルピア
M・ウルピウス・トラヤヌス
（執政官70年？）
C・サロニウス
・マティディウス
・パトルイヌス
ウルピア
・マルキアナ
トラヤヌス帝
プロティナ
・ウィビウス
・サビヌス
①マティディア③
②
ミンドゥス
ルピリウス・リボ
・フルギ（執政官88年）
ウィビア
・サビナ
小マティディア
ルピリア
・ファウスティナ
M・アンニウス
・ウェルス
（執政官97,121,126年）
M・アンニウス
・ウェルス
小ドミティア
・ルキッラ★
M・アンニウス・リボ
（執政官128年）
C・ウンミディウス
・クァドラトゥス
（執政官118年）
マルクス・
アウレリウス帝
（M・アンニウス・ウェルス）
アンニア
・コルニフィキア
C・ウンミディウス
・クァドラトゥス
ンモドゥス帝
ルキッラ
ルキウス・ウェルス帝

系図Ⅰ　トラヤヌス帝～コンモドゥス帝までの系図

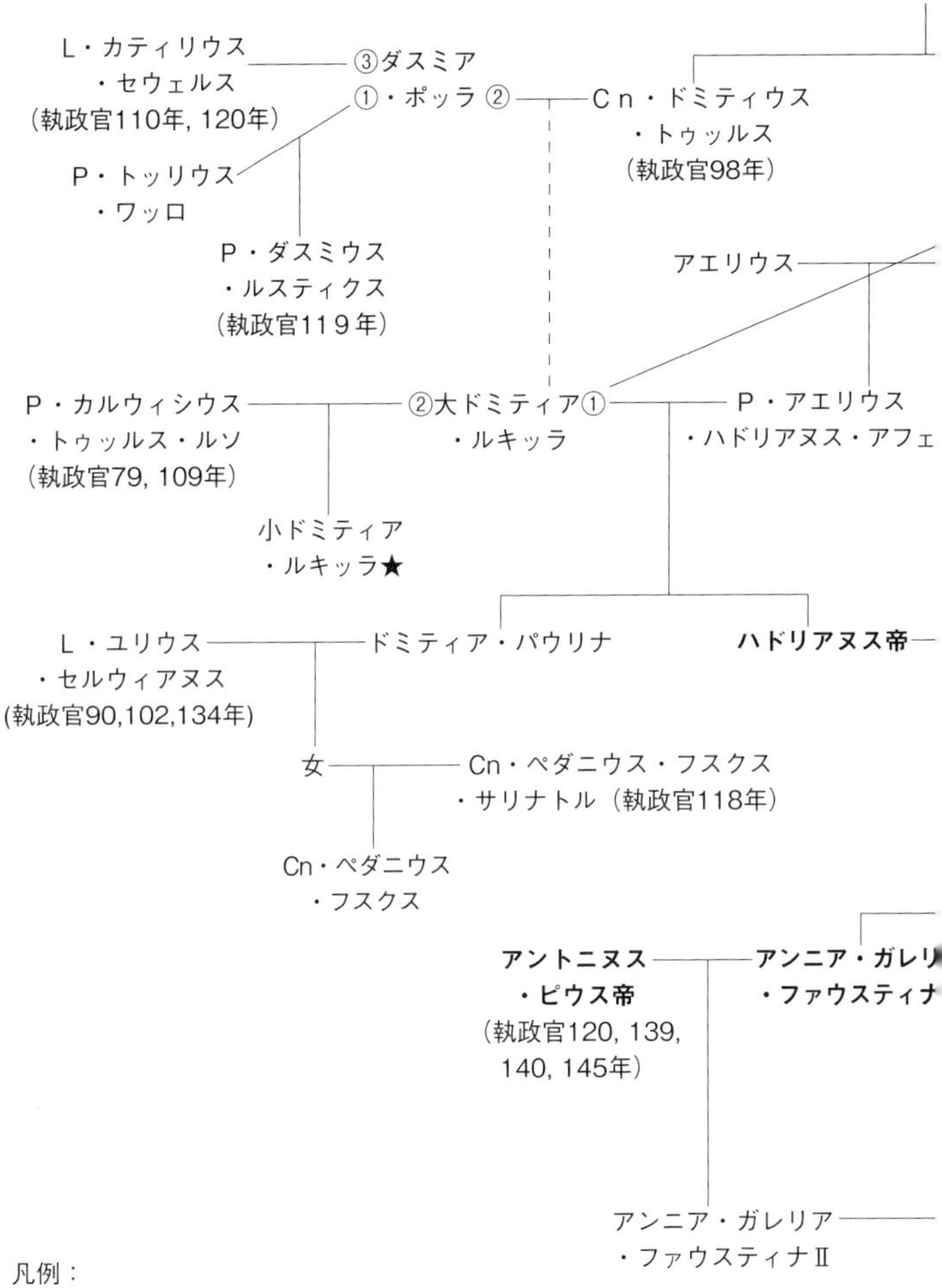

凡例：
1）－－－：養子関係
2）①～③：その人物にとっての婚姻の順序
3）★：同一人物

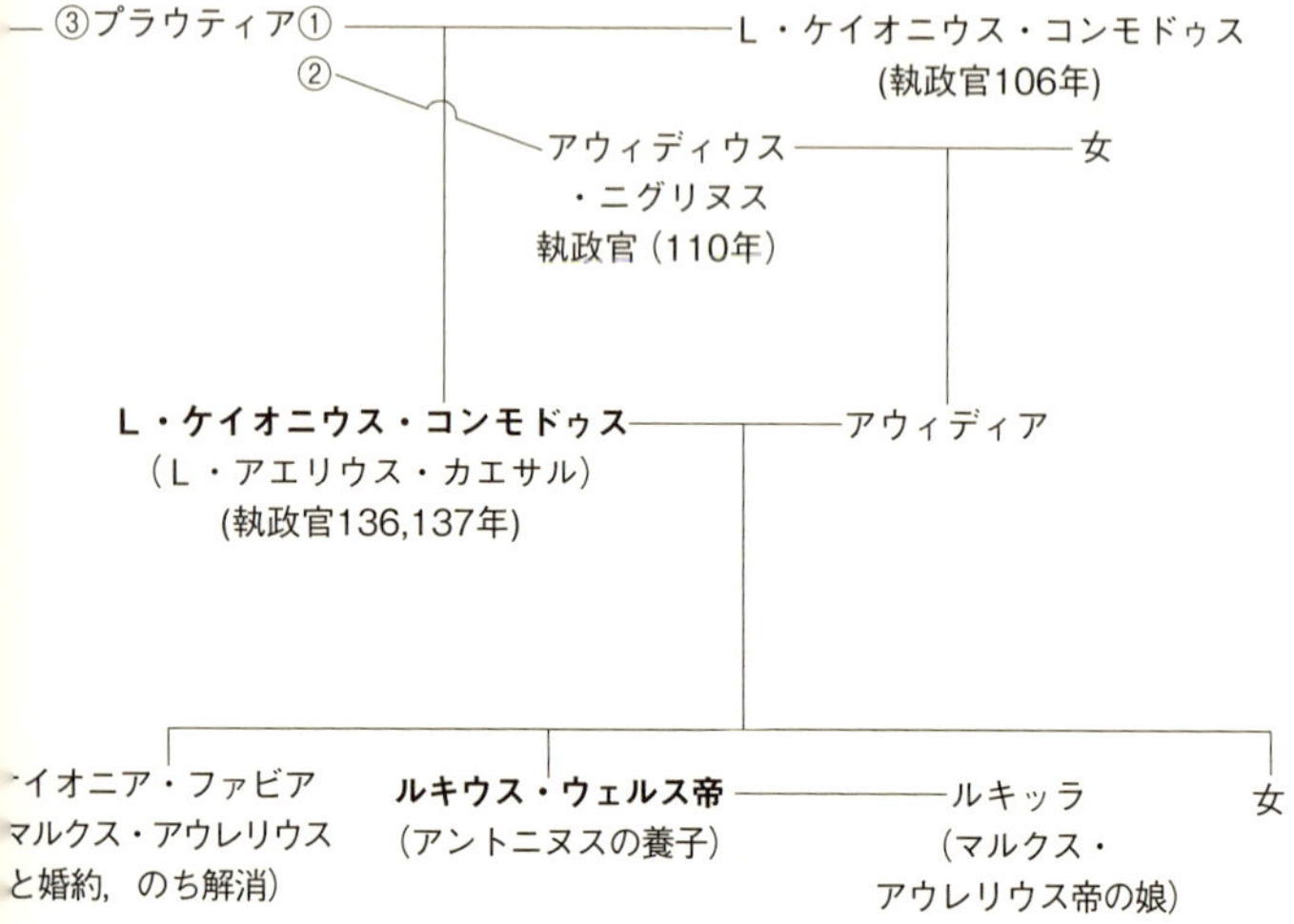

凡例：①～②：その人物にとっての婚姻の順序

系図Ⅱ　L・ケイオニウス・コンモドゥス（L・アエリウス・カエサル）とルキウス・ウェルス帝の系図

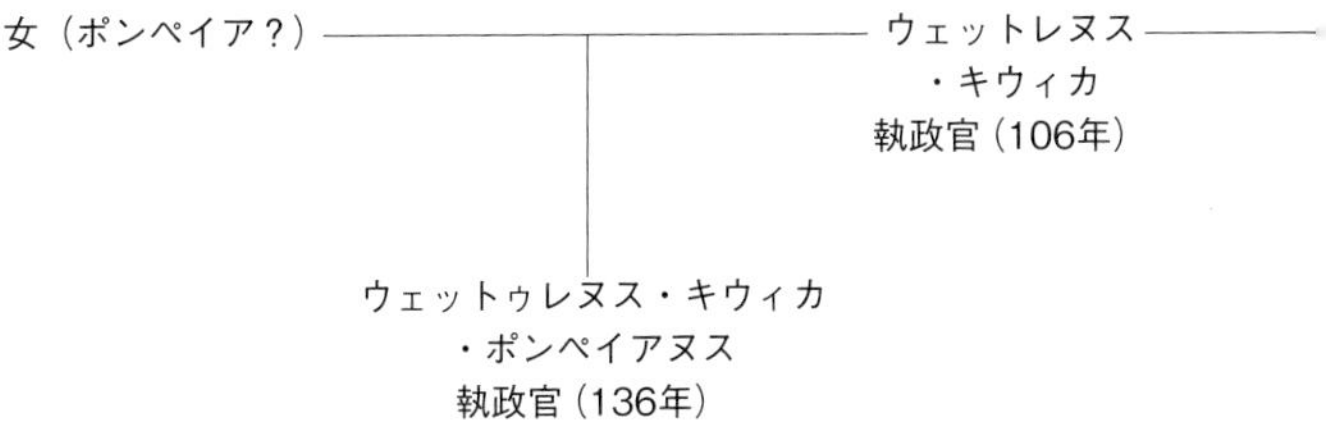

序文

ハドリアヌスの自叙伝は散逸してしまったが、彼の治世については数多くの史料が遺っている。

ラテン語の文学史料――『ローマ皇帝群像』所収の「ハドリアヌス伝」、「アエリウス伝」と「アントニヌス・ピウス伝」(以下それぞれ「ハドリアヌス伝」、「アエリウス伝」、「アントニヌス・ピウス伝」)ならびに何冊かの法律集(ウルピアヌス[1]、……)。

(1) フェニキアのテュロス出身の法学者(〜二二三年)。セウェルス・アレクサンデル帝のもとで近衛長官を務めた。従前の法務官の告示を集大成した『告示注解』八一巻、『サビヌス注解』五一巻などを著わす。ユスティニアヌス帝が制定させた『学説彙纂』の法文の約三分の一は彼の著作から収録されている。

ギリシア語の文学史料――とくにディオ・カッシウス(『ローマ史』)、ダマスカスのアポッロドロス(『都市攻略術』)、アッリアノス(『黒海大航海』)、フィロストラトス(『ソフィスト列伝』)、ハドリアヌス時代のアテナイに触れているパウサニアス(『ギリシア案内記』)、それに、ローマ市民であると同時にデルフォイ市民でもあったプルタルコスがいる。文学史料は必ずしも信頼できるものではないが、批判する場合、著者の政治思想の傾向を斟酌しなければならない。

大量の碑文――ギリシアや小アジアから出土した、各地の伝統にのっとって刻まれた多くの顕彰碑文(例：プルタルコスを介したデルフォイ隣保同盟の奉献碑文)、ランバエシス駐屯軍査察時の報告書、マティディア葬儀の弔辞、里程標、執政官暦表、アルウァル兄弟団やオスティアの碑文、満期除隊《ユスタ・ミッシオ》の証書がある。

（1）毎年、穀物の女神デア・ディアに豊作を祈願して供物を捧げる一二人からなる神官団。ローマ南方のカンパニア街道上にこの女神に捧げられた森があった。この遺跡から大量の碑文が出土している。

パピルス文書（ハドリアヌスの狩猟に関するパンクラトスの詩、兵士の相続権に関する告示、アレラテのファウォリヌスの追放事件の文書）。

同時代の公式史料としては、皇帝の官房が発した約六〇通のギリシア語の文献（碑文とパピルス文書）を挙げておかねばならない。これらは、発送または受領の地から出土した法律のテクスト、すなわち書簡《エピストゥラ》（特別待遇や特権の付与、経済・財政・公共工事に関する地方の諸問題、受領証や賛辞、法律問題に対する回答、各種の決定、ハドリアヌスと皇妃プロティナのアテナイのエピクロス学派との書簡のごとき個人的書簡）、勅答《レスクリプトゥム》〔六三頁の注（2）参照〕、判決《デクレトゥム》、告示《エディクトゥム》〔六三頁の注（1）参照〕、演説《オラティオ》〔七九頁の注（4）参照〕で構成されている。とくに重要なテクストとしては、ギリシアやオリエントの都市当局（リュンケスタイのヘラクレイア〔現ビトラ〕、ベロイア〔現ヴェリア〕、デルフォイ、エレウシス、アテナイ、ギュティオン〔現ギシオ〕、シュロス〔現シロス島〕、アスティュパライア〔現アスティパレア島〕、ビテュニアのプルサ、ニカエア、ニコメディア、エフェソス、ペルガモン、ミレトス、キュレネ）やいくつかの団体（アカイア同盟、ヘラクレアの競技者団体、ディオニュソス芸人団体）との交換文書がある。これらのテクストは、ヘレニズム時代の官房の伝統にのっとり当時の弁論の形式で書かれていて、ハドリアヌスのギリシア趣味を示しており、宣伝の道具でもあった。

公式の図像（帯状装飾、図案と銘が皇帝の嗜好や政策を反映している多数のコイン）と芸術作品（この治世の作品は多い）。

考古学の遺物や遺跡――重要な史料は考古学からも得られる。ローマ市、イタリア、属州には、建造物の遺跡が遺っている（第六章参照）。

古代のテクストが描くハドリアヌス像は、まったく対照的である。一方では、美青年のアンティノウスが皇帝の愛人であったため、あるいは皇帝の延命を図るために自発的にみずから命を捧げたため、この青年を神格化したというスキャンダル臭漂う皇帝像。軍事の責務を蔑ろにし、法律や宗教の問題に傾倒した皇帝。とりわけ文学・建築・美術に熱中し、自分の別荘にこもって人生をエンジョイした耽美主義者。アントニヌスが老齢の実父（または義父ハドリアヌス）に手を貸して身体《からだ》を支えた行動が気にいっただけで養子とし、ローマ帝国を継承させた軽率な人物。以上が没後二世紀あまりのち、アウレリウス・ウィクトル(1)が描いたハドリアヌス像である。他方では、この皇帝が旅行好きで、平和を好んだが、軍事訓練を現場で視察し、部下から尊敬されていたことを強調する者もいる。行政官としても優れた資質を具えていたと主張し、コンスタンティヌス帝時代までほとんど変更されない制度を構築したのはハドリアヌスであり、コンスタンティヌス帝はこれを若干修正したにすぎない、と説く者さえいる（作者不詳『皇帝略記』一四、一〇～一二）。皇帝が元老院議員に対して示した敬意や公言していた寛容と対比されるのが、晩年に元老院議員たちに発した自害の命令であり、おそらく治世初期、皇帝が引き金を引いたのかもしれない元老院議員たちの殺害であった。皇帝の個性がもっていた魅力、文人に示した好意と対比されるのが、彼の嫉妬・憎悪・諍《いさか》いである。ハドリアヌスは、当時、快楽主義者であると同時に公益に奉仕する政治家としての特徴を具えており、専制君主であると同時に良き皇帝の資質を併《あわ》せもっていたのであろう。かかる性格の二面性は、一部には、現存する重要なテクスト――ディオ・カッシウスの『ローマ史』や『ローマ皇帝群像』――が依拠していた文学史料（散逸）の二面性に起因している可能性がある。すなわち、皇帝とみずからの治世を美化していたにちがいない自伝に述べられていたようなハドリアヌスに対する好意的な見方と、この皇帝に敵意をもつ親元老院議員——その一人がセウェルス・アレクサンデル帝治世下の伝記作家マリウス・マクシムス——の見方がこの皇帝のさまざまな性格を描写している。しかしながら、『ローマ皇帝群像』が、一種の撞着語法のように、まさに対句を並べた形で、「厳格だが愉快であり、愛想がいいが厳格であり、衝動的であるが慎重であり、けちだが気前がよく、無邪気であるが陰険であり、残酷であるが慈悲深く、いつもあらゆる点で気まぐれだ」(「ハドリアヌス伝」一四、一一)と紹介したハドリアヌスが、きわめて複雑な性格の持ち主であったことは間違いない。

(1) 四世紀の政治家。アウグストゥスからコンスタンティヌスまでの皇帝を扱った『皇帝たちについて』を著わした。

近代の作家には、彼が優れた統治者であったことを認めている者が多い。ボシュエでさえ、『世界史に関する考察』(一六八一年)のなかで、「彼の残虐さ」や、「忌まわしいアンティノウス」を神格化した「溺愛」という不名誉な行為を遺憾としつつも、彼の治世が「輝かしい」ものであったことを認めている。ギボンは、この皇帝が個人的趣味を満たすと同時に、帝国に貢献したと述べ、文人・軍人・政治家としての力量に注目している(『ローマ帝国衰亡史』、一七七六年)。一世紀のち、ヴィクトル・デュリュイは『ローマ史』のなかで、「皇帝の功績が人民に与えた幸福の度合いで評価されるものとすれば、ハドリアヌスはローマ皇帝のなかで筆頭であろう」と、彼の行動を誉めたたえる。周知のとおり、マルグリット・ユルスナールは、ハドリアヌスを、人間の模範とし、逆境を克服する叡智の権化、秩序および個人と属州の尊重に粉骨砕身する政治の理想の権化とした。

したがって、トラヤヌスを継承したハドリアヌスの統治の歴史をたどり、この皇帝の変幻自在な性格を明らかにすることにしよう。トラヤヌスは、少なくとも形のうえでは中央権力と元老院を妥協させ、元老院の意向を代弁していると考えられていたかもしれないが、対外拡張政策を宣揚してダキアで成果を収めたあと、パルティア戦争で帝国を危機に陥れ、その結果、少なくとも一時的には、征服したいくつかの領土をみずから放棄しなければならなかった。ハドリアヌスにとって重要だったのは、帝国の安定を確保し、皇帝の特権を強化することによって、生活の向上と多様性のなかでの統一を同時に実現する政策を実行に移すことであった。

第一章　人格形成期と登位

I　ハドリアヌスの家族

P・アエリウス・ハドリアヌスは七六年一月二十四日に生まれた。いくつかの古代の史料に述べられているように属州バエティカのイタリカ〔セビリア近郊の現サンティポンセ〕で生まれたのか、『ローマ皇帝群像』〔「ハドリアヌス伝」一、三〕に記されているようにローマで生まれたのか――このほうが確からしい――によって、彼の祖国や家族の法律上の原籍――イタリカ――が変わるわけではない。アエリウス氏はピケヌム地方ハドリア〔現アトリ〕出身のイタリア人であって、第二次ポエニ戦争最中《さなか》の前二〇六年、スキピオ・アフリカヌスがグアダルキビル川沿いに創建した町《ウイクス》イタリカへ入植した。ハドリアヌスはこの自治市で公職――都市監察官《クインクエナリス》(1)――に就き、ローマでは、イタリカ出身のすべてのローマ市民同様、セルギア区に登録されていた。旅行好きだったハドリアヌスは、皇位に就くと帰郷こそしなかったが、郷里に豪華な贈物をし〔ディオ・カッシウス、六九、一〇、一〕、とくに新しい建物を造る。イタリカは、カエサルのおかげで自治市となっていたが、ハドリアヌスに対し、もっと栄誉ある植民市の地位を要請した〔アウルス・ゲッリウス『アッティカの夜』一四、一三〕。皇帝はイタリカが従来の制度とあまりにもかけ離れるのを好まなかったが、同郷人のこの要請を聴きいれた。彼の施与は属州バエティカ全域に及んだ〔『ラテン碑文選集（ILS）』、三一八）。

（1）ローマ市以外の都市の監察官（ケンソル）相当職。

ハドリアヌスは、ヒスパニアから元老院入りを遂げた地方名望家出身のローマ市民である。当時、ローマ帝国では、このような名望家がますます決定的な役割を演じるようになっていた。哲学者兼政治家のセネカや詩人ルカヌスが出たことによって、ユリウス・クラウディウス朝末期[1]、コルドゥバ〔現コルドバ〕出身のアンナエウス氏の社会的地位が向上したことが知られている。コルメッラ〔一世紀の農事誌家〕はガデス〔現カディス〕の出だし、ポンポニウス・メラ〔一世紀の地理学者〕はヒスパニアのティンゲンテラ〔現アルヘシラス〕の出身で、クィンティリアヌス〔一世紀の修辞学者〕はカラグッリス〔現カラホッラ〕の生まれ、大プリニウスの友人ヘレンニウス・セネキオは属州バエティカの出であった。一世紀末、ヒスパニア人はローマで絶大な影響力をもち、属州タッラコネンシス出身のL・リキニウス・スラは、ネルウァ帝の傍にあって、トラヤヌス（ハドリアヌス同様イタリカの生まれ）の養子縁組の成立に決定的な形で関与した。

（1）ティベリウスからネロまでの時代（一四～六八年）。ユリウス氏とクラウディウス氏の両氏族とかかわりがある者が皇帝であったため、このように呼ばれる。

もっとも、ハドリアヌス家が属するアエリウス氏と、トラヤヌス家が属するウルピウス氏とは繋《つな》がりがあった。ハドリアヌスはトラヤヌスの従兄弟の子であるからだ。アエリウス氏はウルピウス氏と同じく新興貴族である。「ハドリアヌス伝」（一、二）によると、アエリウス氏で最初に元老院議員になったのは、ハドリアヌスより四代まえのマリュッリヌスであった。史料が正確ならば、元老院入りはほぼ一世紀まえに遡る。しかし、これはおそらく家系の古さを信じこませようとした創作であろう。ハドリアヌス家から執政官が出るには、ハドリアヌスを俟《ま》たねばならなかった。「ハドリアヌス伝」（予言好きの傾向があるため、あまり信用できない）によると、衆目の一致するところ星占いの才に秀でているだけがとりえの大伯（叔）父は、甥の子が皇帝になると予測したらしい。他方、ハドリアヌスの父P・アエリウス・ハドリアヌス・アフェルは、法務官の地位を超えたことはなく、八五／八六年に四十歳で早世したため、経歴は中絶した。

ハドリアヌスの母であった大ドミティア・ルキッラは、ガデス（現カディス）の出身である。最近、いわゆる「ダスミウスの遺言」（『ラテン語碑文集成（CIL）』六、一〇二二九）の解釈が改められたことによって[1]、新たにハドリアヌスの母方の家系が解明された。すなわち、大ドミティア・ルキッラは、父方の叔父であった素封家のパトリキ貴族ドミティウス・トゥッルスの養子娘であったらしい（小プリニウス『書簡集』（八、一八、四）がこの養子縁組の事情に言及[2]）。彼女には娘が少なくとも二人いた。その一人が「ハドリアヌス伝」（一、二）が挙げているハドリアヌスの妹ドミティア・パウリナで、彼女はL・ユリウス・ウルスス・セルウィアヌスと結婚した。彼はハドリアヌスより約三十歳年上で、三度《みたび》執政官となる（一回目はおそらくドミティアヌス時代、つぎはトラヤヌス時代の一〇二年、最後はハドリアヌス時代の一三四年）。もう一人の娘は、大ドミティア・ルキッラ（ハドリアヌスの母）がP・カルウィシウス・トゥッルス・ルソと再婚したことによって生まれた小ドミティア・ルキッラ（ハドリアヌスの異父妹）であり、彼女はM・アンニウス・ウェルスと結婚し、のちのマルクス・アウレリウス帝を生んだ。ディオ・カッシウス（『ローマ史』六九、二一、二）は、血縁関係があるため、ハドリアヌスがこの青年を可愛がったとしている。ドミティウス氏一族は莫大な財産を有していただけではなく、高位の公職に就いていた。ドミティウス・トゥッルスは、属州アフリカの総督――兄のドミティウス・ルカヌスも就任したことがある職――を経験していた。したがって、ドミティウス氏は、社会階層ではアエリウス氏より上であり、P・アエリウス・ハドリアヌス・アフェルが大ドミティア・ルキッラと結婚したのは、彼の社会的地位向上の証《あかし》であったにちがいない。

(1) 従来ダスミウスという執政官級の人物の遺言を記した遺書と考えられてきた碑文が、新たな証拠の出現によって、この同定がかなり疑問と考えられるようになったこと。

(2) ハドリアヌスの母を大ドミティア・ルキッラでなく、ドミティア・パウリナという別の人物とする異説があるため、推測表現になっている。養女になった経緯については、長谷川岳男ほか『古代ローマを知る事典』（東京堂出版、二〇〇四年）二九四～二九六頁に詳しい。

Ⅱ ハドリアヌスの幼少期

ハドリアヌスの幼少期の情報は限られている。わかっているのは、彼が十歳のとき父を亡くしたこと（「ハドリアヌス伝」一、四）、彼の後見人が、従兄弟の子で、のちに皇帝となるトラヤヌスと、これまた同郷人で（ディオ・カッシウス、前掲書、六九、一、二）、のちにトラヤヌス治世下で近衛長官に就く騎士身分のP・アキリウス・アッティアヌスであったことである。幼いハドリアヌスはローマで文法教師Q・テレンティウス・スカウルスの講義を聴いた。これは言葉の学習と大作家の作品解説を行なう中等教育にあたる。スカウルスの著書としては、なかでもホラティウスの注釈書がある。ハドリアヌスも、同時代人と同じように、弁論術に習熟するため修辞学の高等教育を受けねばならない。おそらく青年ハドリアヌスはアテナイへ赴き、同地のソフィスト[1]であったイサイオス（碑文によると、彼の教師）の講義を聴いたのだろう。だが、この教育をローマで受けたのかもしれない。彼の語法や即興の才を賞賛する小プリニウスの書簡（『書簡集』二、三）が示しているように、イサイオスがローマを訪れたのは、一世紀末、六十歳を過ぎてからであったからだ。確かに、ドミティアヌス帝治下、ローマはギリシア文化の拠点としてきわめて重要な位置を占めていた。ともかく、ハドリアヌスはラテン語とギリシア語で確固たる教養を身につけた。両方の言語でまったく同じように上手に書くことができた。「小さなギリシア人《グラエクルス》」というあだ名がつけられ、彼のギリシア趣味が揶揄された。『皇帝略記』〔一四、二〜六〕は、彼の受けた教育が百科全書的であったことに感嘆し、ハドリアヌスを歌手・音楽家・数学者・幾何学者・画家であるとし、さらに建築家でもあるとした。皇帝はあらゆる教養を体得していたようで、ルネサンス時代のラブレー風の理想に適《かな》っていた。

（1）雄弁・修辞学や政治・法律などの教養を教えた職業的教育者。

その間、九〇年から九一年にかけて、ハドリアヌスはイタリカを訪れる。おそらく、トラヤヌスが自分の財産、ならびに後見するハドリアヌスの財産に関する問題を解決するため訪れたとき同行したのであろう。ハドリアヌスはその地で青年組合《コッレギウム・ユウエヌム》（1）に入会、地元の青年とともに軍事訓練を受けた。確かに、ハドリアヌスは勉強が好きであったが、体育活動も蔑ろにしなかった。彼の伝記では、すでにこの頃から狩りに熱中していたことが示唆されており、それが原因で、トラヤヌスはすぐハドリアヌスをローマへ帰還させたのだろう。

（1）アウグストゥスの時代に創設された、都市ブルジョワの若者のクラブ。兵士の養成機関でもあった。属州都市の有産階級から徴兵するため、フラウィウス朝に、この組合が復活された。

Ⅲ　ハドリアヌスの経歴

公職の階梯《クルスス・ホノルム》を昇りはじめるまえに、公的活動の見習いを開始しなければならない。彼の経歴は『ローマ皇帝群像』によって知られているが、一一二年までの経歴は、アテナイのディオニュソス劇場の遺跡から出土した、ハドリアヌスがアテナイのアルコン〔統治官〕のとき奉献された立像の台座に刻まれていた碑文から判明している。この碑文（CIL、三、五五〇）によって、彼の伝記に述べられている点を明確にし、確認することができる。

慣例どおり、九三年、いやむしろ九四年に、二十人委員《ウイギンテイウイル》の職に就くことによって民生関係の修業をし、訴訟裁定のための十人委員《デケムウイル・ストリテイブス・ユデイカンデイス》――すなわち遺産相続問題を担当する百人法廷の裁判長〔法務官の訴訟指揮のもと担当〕――を務めた。ラテン祭長官《プラエフエクトウス・フエリアルム・ラテイナルム》(1)も経験した。この長官は、実権はないが、すべての公職者が由緒あるラテン同盟の記念祭を祝賀するためアルバーノ山地へ出かけるとき、象徴的にローマの権力を代表することになっており、きわめて重要な職と考えられていた。この職に任命されたのは、皇帝の家人や元老院議員のエリート層である。ということは、ハドリアヌスの後見人である皇帝トラヤヌスがドミティアヌス帝に気に入られていたことを示している。ハドリアヌスは、トラヤヌスによって、官給馬をもつローマ騎士階級の者からなる騎兵隊の六人委員《セウイル》にも任じられた。皇帝が七月十五日に騎兵隊の閲兵《トランスウエクテイオ・エクイトウム》を行なうとき、六人委員は騎兵隊を指揮する〔各委員が六騎兵隊のうちの一隊を指揮〕。この際、民衆のために競技を催すことによって、人望を高めることも可能であった。

（1）毎年三月二十七日、アルバーノ山地のカーヴォ山にある神殿で行なわれるユピテル・ラティアリス神に犠牲を捧げる年祭のとき臨時に選任された。

元老院議員の「公職の階梯」を昇るまえに、高級軍団将校（トリブヌス・ミリトゥム・ラティクラウィウス）として軍務の見習いをしなければならない。出自が元老院階級であることを示す、幅の広い深紅の縁どりがついた市民服《トガ》を着る。高級軍団将校は、皇帝管轄属州総督《レガトゥス・アウグスティ》が指揮する軍団で司法・軍事の権限をもった軍事顧問であり、属州総督に事故がある場合、総督と交替することになっていた。服務期間は、場合により異なる。トラヤヌスは一〇年間高級軍団将校を務めたことで有名である。ハドリアヌスは、三つの軍団――第二軍団救援者《アデイウトリクス》、第五軍団マケドニア、第二二軍団プリミゲニア――で軍団将校を務めた。この経歴はアテナイの碑文からわかっている。『ローマ皇帝群像』は、他の軍団での勤務も示唆しているが、第二軍団を挙げているだけである。駐屯地は、第二軍団救援者《アデイウトリクス》が属州下部モエシアのアクィンクム〔現ブダペスト〕（上部モエシアとする説もある）、第五軍団マケドニアが属州下部モエシアのオエスクス〔在・ブルガリア〕、第二二軍団プリミゲニアが属州上部ゲルマニアのモゴンティアクム〔現マインツ〕であった。これらの職に就いたのは九五年から九八年にかけてであるが、どの順序で就任したのであろうか。アテナイの碑文は、高級軍団将校の記述については時系列順を採用しており、そのほかの職位については、逆に反時系列順を採用している。事実、「ハドリアヌス伝」（二、二～六）も時系列順に述べている。ハドリアヌスは第二軍団救援者《アデイウトリクス》の高級将校を務めたあと、まず下部モエシア、そのあと上部ゲルマニアへ異動された。トラヤヌスがネルウァ帝の養子になったとき、上部ゲルマニアの軍隊はハドリアヌスをトラヤヌスのもとへ派遣し、祝辞を届けた。したがって、これは九七年十月以降のことである。「ハドリアヌス伝」（二、六）は、物語のような、きわめて信憑性に乏しい逸話を伝えている。すなわち、ネルウァ帝逝去の報が上部ゲルマニアに届いたとき、ハドリアヌスは、下部ゲルマニアのコロニア・アグリッピネンシス（現ケルン）駐在中のトラヤヌスのもとへ赴き、最初に登位を知らせようとした。しかし、義兄セルウィアヌスは、それよりまえに手紙で知らせようとして、ハドリアヌスの馬車を壊させたらしいが、功を奏さなかった。血気盛んなハドリアヌスが歩きつづけ、最初に到着した……からである。

そのあとの期間については情報が欠けている。ハドリアヌスは、九九年にローマへ帰還するまで、トラヤヌスの側近としてライン川とドナウ川の前線に留まっていたにちがいない。だが、当時、若きハドリアヌスがいかなる地位に就いていたのかはわからない。「ハドリアヌス伝」の文言からは、上部ゲルマニアの軍団へ戻ったとは考えられないし、アテナイの碑文は上記以外に高級軍団将校に就任したとは述べておらず、ハドリアヌスがトラヤヌスから二度軍の褒賞が与えられた事実を伝えているにすぎない。したがって、彼の軍事面の能力は認められていたが、ハドリアヌスのダキア戦争時の職務と高級軍団将校とのあいだに記されている褒賞の記述は、どちらかといえば、第一次ダキア戦争に関するものと考えられる。しかし、具体的にどの時期のものか特定することは容易ではない。彼の伝記によると、トラヤヌスの同性愛的傾向との関係でハドリアヌスに向けられた策謀――愛のライバル意識？――によって、トラヤヌスとの関係は損なわれた。ハドリアヌスが皇帝の寵を完全に回復するには、L・リキニウス・スラの仲介を必要とした。ハドリアヌスは、セルウィアヌスが暴こうとしていた金遣いの荒さのため、後見人から叱責を受けていたにちがいない。

一〇一年、ハドリアヌスは二十五歳で公職の階梯《クルスス・ホノルム》を昇りはじめ、元首財務官《クワエストル・プリンキピス》(1)に就任する。トラヤヌスに気に入られていたことの証《あかし》である。この職位のとき皇帝の演説を代読した。その際、元老院で「少し訛りのある口調」で読んだ――おそらく側近が地方出身者であったことが原因――ので、馬鹿にされたのだろう。そこで青年ハドリアヌスは練習を重ね、矯正した。皇帝の移動に随行する元首財務官として、一〇一年三月二十五日、皇帝に随行してダキアへ赴く。第一次ダキア戦争の際は皇帝の側近《コミス》であり、一〇一年十二月まで元首財務官の職に留まった。しばしば皇帝から褒賞された。

(1) 帝政期になると、財務官(クワエストル)は国庫の管理を担当するのでなく、皇帝の秘書たる元首財務官、公文書の保管に当たる都市財務官、執政官の秘書たる執政官財務官、属州総督付きの財務官に分かれていた。

このあと、ハドリアヌスは伝統的な「公職の階梯」には存在しない元老院議事録担当の監督官《クラトル》を務める。この職は、元老院の公式文書の起草を監督する職であり、任命権者は皇帝であった。

一〇五年、ハドリアヌスは護民官に就任する。ついで法務官《プラエトル》に任命された。一〇六年(護民官を務めた直後の就任は異例)か一〇七年のことである。それと同時に、第一軍団ミネルウァの軍団司令官《レガトゥス・レギオニス》として第二次ダキア戦争に従軍する。この戦争で頭角を現わし、このとき、トラヤヌスがかつてネルウァ帝から贈られたダイヤモンドをもらったらしい。これによってハドリアヌスは皇帝になれるかもしれない、と自覚するようになった。この説話は、おそらく、就任の正統性を高めるため作られた虚構か、予兆を好む伝記によって捏造された作り話であろう。H＝G・プロームが「ハドリアヌス伝」の校訂でいみじくも指摘しているように、ハドリアヌスが一〇七年に法務官であったとすれば、法務官であると同時に第一軍団ミネルウァの司令官であったとするアテナイの碑文は、いい加減なものなのかもしれない。ハドリアヌスは軍団を指揮してから、法務官に就任した可能性もある。このようなことは慣例にはないが、彼がこれまで発揮してきた軍事の才、トラヤヌスの彼に対する信頼、L・リキニウス・スラの支援を示しているのかもしれない。第二次ダキア戦争は一〇五年に始まり、戦後いくつかの「掃討」作戦が必要であったとしても、一〇六年には終了していた。戦争の初めから軍団を指揮していたとすれば、出征のため、ローマ滞在が義務づけられている護民官職を中断したのかもしれない。ハドリアヌスは、財務官のとき、アウグストゥスが確立した伝統に基づいて公式の祭の開催を担当し、そのため皇帝から二〇〇万セステルティウスの資金援助を受けた。

法務官就任によって、皇帝管轄属州統治への道が開かれた。法務官のあと、一〇七年から一〇八年にかけて、彼は皇帝管轄属州総督《レガトス・アウグステイ・プロ・プラエトレ》として、当時、帝国の国境防衛に重要な戦略的役割を担っていた属州下部パンノニアを統治した。トラヤヌスが統治の効率化のため、属州パンノニアを下部パンノニアと上部パンノニアに分割した直後のことである。ハドリアヌスは、管理官《プロクラトル》(1)たちを管理・監督し、軍規の維持を徹底させたことによって注目されることになった。この地方を脅かしていたスエビ族〔エルベ川以東のゲルマン人〕やサルマタエ族〔スキタイ人と関係が深い遊牧民族〕とも交戦し、勝利を収めた。

(1) 騎士身分の官僚の職を総称。管理官は、皇帝によって、重要な行政事務の長（官房の各種職務の責任者、食糧長官、近衛長官など）や、あまり重要でない属州の長官などに任命された。

ハドリアヌスはこの属州をうまく統治したので、一〇八年には、数か月間、補充執政官に就任した。確かに、正規の執政官に就任したほうが彼の評価を高めたことだろう。しかし、これをもってトラヤヌスの慎重な姿勢の表われと考えるべきではない。ハドリアヌスの昇進速度は、一〇五年の護民官への就任以来、加速していたからである。そのあいだに青年ハドリアヌスはマティディア〔トラヤヌスの姉マルキアナの娘〕の娘ウィビア・サビナと結婚し、さらにトラヤヌスとの関係が近くなった。トラヤヌスの従兄弟の子、かつての被後見人は、この婚姻によって姪の子となったのである。結婚の時期は明らかでない。『ローマ皇帝群像』の叙述が年代順に記されているとすれば、おそらく一〇〇年であろう。ハドリアヌスを敵視する信憑性の低い史料は、トラヤヌスがはなはだ躊躇《ためら》っていたと記しているが、この結婚を推進したのはL・リキニウス・スラと皇后プロティナであろう。ハドリアヌスとサビナの仲がよくなかったと思われるにしても、ハドリアヌスが皇帝となるや、サビナはコインに刻まれ、皇帝の視察旅行に随行し、「アウグスタ」という肩書が与えられる（おそらく一二八年以前）。このようにサビナの公的な地位は完全に尊重されていた。いずれにしても、この結婚によって、ハドリアヌスはさらに権力に近づき、王朝風の継承が行なわれる場合、最も有利な地位を占めることになった。

一〇八年と一一七年のあいだにL・リキニウス・スラが没したので、ハドリアヌスは、彼に代わって、皇帝の演説原稿を書く皇帝の特別秘書官の職に就いた。L・リキニウス・スラの支持が得られなくなったので、ハドリアヌス個人や王朝風の継承に反対する者が勢力を伸ばしたとしても、青年ハドリアヌスとトラヤヌスはますます親密になったのである。

ハドリアヌスの生涯で経歴がよくわからない上記の時期に続くのが、アテナイのアルコン〔統治官〕時代であり、一一一年六月から一一二年六月まで続く。この職に就くにはアテナイに滞在することが必要条件であった。アルコンへの任命は重要である。当時まで、この顕職に就いたローマ人はただ一人、ドミティアヌス帝（八五～八六年）のみであった。ハドリアヌスのあとも一人しかおらず、これまた皇帝のガリエヌス帝（在位：二六四～二六五年）である。アテナイ人は、ハドリアヌスのギリシア文化に対する情熱を顕彰しようとしただけでない。トラヤヌスに最も近い親戚縁者を高く評価することによって皇帝の機嫌をとり、次期皇帝と考えられる人物をあらかじめ味方にしようとしていたのである。一一二年よりまえ、以下の神官職がアテナイの碑文に記されているので、ハドリアヌスはアウグストゥス奉賛会員《ソダレス・アウグスタレス》（アウグストゥスとその家族の祭祀を行なうエリート階級から選ばれた神官）の組合《コッレギウム》に加入しており、聖餐七人神官団《セプテムウイリ・エプロネス》（聖なる宴会の開催を監督する神官団）にも入っていた。

つぎに『ローマ皇帝群像』は、一一四年に開始されたパルティア戦争の際、ハドリアヌスがプロティナの支援を受けて軍団司令官《レガトウス・レギオニス》に任命されたと記している。ハドリアヌスがかつて就任したことがあるポストであるから、たんなる軍団司令官ではありえない。おそらく、パルティア戦争の参謀本部内に設けられていたトラヤヌスの補佐官と考えるべきかもしれない。ついで、遅くとも一一七年七月には、属州シリアの皇帝管轄属州総督《レガトウス・アウグスティ・プロ・プラエトレ》に就任する。属州シリアは、帝国の最も重要な属州の一つであり、そのうえ当時ローマの軍事作戦基地として重要な役割を果たしていた。

一一七年夏、病に臥したトラヤヌスは、ローマへ帰還するためシリアを発つとき、ハドリアヌスをパルティア遠征軍の総司令官に任命し、新しい兵力を率いて戻ってくるまでのあいだ、帝国陣営の防衛の任に当たらせることにした。この結果、ハドリアヌスは、当時最も多くの兵士からなるローマ軍を率いることになった。さらに、その地位を確固たるものにするため、ハドリアヌスはすでに、一一八年に執政官（二度目）に就任することが予定されていた。『ローマ皇帝群像』によると、これまたプロティナの推薦《コンメンダティオ》を得られるよう尽力したにちがいない。皇妃がトラヤヌスのおかげである。

Ⅳ　養子縁組

公式の説明によると、ハドリアヌスは、一一七年八月九日、アンティオケイアでトラヤヌスの養子となった旨の書簡を受けとった。その二日後、トラヤヌスがキリキア地方のセリヌスで逝去したと伝えるもう一通の知らせが届く。ハドリアヌスは、この八月十一日を「皇帝の日《ディエス・インペリイ》」（即位記念日）とした。

トラヤヌスとハドリアヌスの養子縁組については、確かなことはわからない。いろいろな風聞が行き交っていた。ディオ・カッシウス（前掲書、六九、一）は、この養子縁組を否定し、まず養子縁組が公表され、ハドリアヌスに必要な措置を講ずる時間的余裕を与えるため、トラヤヌスの死は数日間内密にされたと主張する。実のところ、そのときキリキアの皇帝管轄属州総督は、もっと信頼がおける人物C・ブルッティウス・プラエセンスに交替されたらしい。そのうえ、碑文から、トラヤヌスの側近であった解放奴隷M・ウルピウス・ファエディムスが八月十二日に死亡したことが知られている。これをもって、あまりにも事情を知りすぎた人物を排除したのだと考える者もいるが、病死にすぎなかったのかもしれない。養子縁組を偽装するため、まさに演出が行なわれた、と主張する者もいる。すなわち、夫の死後、プロティナは、皇帝の寝床にトラヤヌスの声をまねる男を寝かせ、ハドリアヌスを養子にしたのかもしれない（「ハドリアヌス伝」四、一〇）。『ローマ皇帝群像』は独自の見解を明らかにせず、両説を併記している。アウレリウス・ウィクトル（『皇帝たちについて』一三、一三）によると、ハドリアヌスはプロティナの好意によって帝権を手中に収めたが、それは、皇妃がハドリアヌスを夫の遺言によって指名された継承者であると見せかけたからであるとされている。エウトロピウス（『建国以来の歴史概略』八、六、一）は、この養子縁組はトラヤヌスのなんらかの意向に基づくものではなく、プロティナの尽力の賜物であり、トラヤヌスは存命中に養子縁組をしようとはしなかった、としている。『ローマ皇帝群像』はトラヤヌスの意向は別のところにあった、とも伝えている。皇帝の念頭にあったのはL・ネラティウス・プリスクスであったとか、アレクサンドロス流に後継者を指名しなかったとか、元老院に候補者名簿を渡し、そのリストから最良の者を選択するよう任せた、としている（「ハドリアヌス伝」四、八～九）。これらが創作であることは明らかである。L・ネラティウス・プリスクスは、法律家として以外、とくに秀でた能力をもっていなかったからだ。さらに、最良の者を選ぶという方法は元老院のイデオロギーであり、複数の名前を挙げたリストの作成という方法は賢明な策ではなく、穏やかならざる継承を危惧させたであろう。ハドリアヌスの経歴、彼が在シリア軍を統帥する高位に就いていたこと、トラヤヌスが近衛長官という要職にハドリアヌスに忠実な、かつての後見人P・アキリウス・アッティアヌスを任命していたこと、トラヤヌスの行動には王朝風の意志が認められること、これらのことからハドリアヌスは「最良の皇帝《オプティムス・プリンケプス》」トラヤヌスが嘱望していた後継者と考えられる。しかしながら、最適の元老院議員を皇帝に選ぶべきだと考えて王朝風の継承に反対していたのであろうと、ハドリアヌスの軍事上の方針やギリシア趣味、さらには彼の人格に反感を抱いていたのであろうと、元老院議員のあいだにハドリアヌスに対して根強い反感があることに、トラヤヌスは配慮しなければならなかった。まさにこのような反感があったため、トラヤヌスはハドリアヌスを養子とすることができなかったというより、むしろ、もっとおおっぴらに、もっと早い段階で、養子にすることができなかったのにちがいない。

　養子縁組は私的な行為であり、法的には、養子縁組によってローマ帝国を遺贈することはできない。しかし、養子は養父の庇護者やカリスマ性を受けつぐので、養父を継承する傾向があった。ユリウス・クラウディウス朝では、王朝的考え方は明確ではなかったが、皇帝は全員同じ家系から選ばれていた。フラウィウス朝[1]でも、ウェスパシアヌス帝には実子がいたので、継承したのは、それら実子であった。ネルウァ帝がみずからの家族に属さない、元老院議員にとって最良の候補者を養子にしたとしても、ネルウァ帝の跡を継いだ皇帝たちは全員、家族の繋がりがあり、それは養子縁組によってさらに強化されていた。その唯一の例外が、最後に登場する、マルクス・アウレリウスの嫡男コンモドゥス帝である。

（1）ウェスパシアヌス帝、ティテゥス帝、ドミティアヌス帝の時代（六九〜九六年）。

皇帝が任命される際、軍隊は重要な要素の一つであった。ウェスパシアヌス登位のときのような混乱期には、軍隊の役割は決定的なのかもしれない。ハドリアヌスはパルティア遠征軍に支持されており、トラヤヌス逝去の報が伝えられるや、ただちに配下の部隊によって「皇帝《インペラトル》」と歓呼され、かくして元老院はこの既成事実に対処しなければならなかった。実のところ、皇帝を任命する権限は、元老院と民会——皇帝に非常大権を与える由緒正しき共和政の機関——にあった。だが、いまとなっては、もはや手続上の問題にすぎなかった。したがって、ハドリアヌスはきわめて丁重だが、決然とした内容の書簡を元老院に送り、意見聴取の懈怠を寛恕してくれるよう要請した。「兵士たちが性急に『皇帝《インペラトル》』と歓呼したからである。国家は皇帝なくして存在しえないからだ」としたのである（「ハドリアヌス伝」六、二）。

『ローマ皇帝群像』によると、トラヤヌス逝去の直後、ハドリアヌスは、危険視されていた政敵の殺害を助言したアッティアヌスに対して書簡で反対の旨回答し、兵士に二倍の賜金《ラルギティオ》を支給、対外拡張政策の強力な信奉者ルシウス・クィエトゥスから軍の指揮権を剥奪して無力化し、マウレタニアの平定を側近の一人マルキウス・トゥルボに託した。ハドリアヌスはこれらの措置を講じ、自分の地位を安泰にしてから、ようやく弔意を表するためトラヤヌスの遺灰のもとへ向かった。そのあと、遺灰はプロティナ、マティディア、アッティアヌスが付き添って、ローマへ送られた。ハドリアヌス自身が首都へ帰還したのは、一一八年の夏になってからである。オリエントで帝国国境の強化を図り、ドナウ川沿いに、いくつかの属州を巡察してからの帰還であった。皇帝は元老院宛てに書簡を発し、トラヤヌスに対して神格化《コンセクラティオ》の栄誉を求める。おそらく一一七年八月末か九月の初め、これが承認された。ローマに帰還したあと、トラヤヌスに対し、逝去後ではあるが、パルティア凱旋の栄誉が与えられるよう取り計らった。これを証明しているのが「パルティア凱旋《トリウンフス・パルティクス》」の銘が刻まれた金貨である。この金貨には、四頭立ての馬車に立ち、勝利の栄冠と凱旋用の象牙の杖を握るトラヤヌスが描かれている。トラヤヌスの葬儀と逝去後の凱旋式は、ハドリアヌスの帰還後、一連の儀式として実施されたと考えるべきである。そのあとトラヤヌスの遺灰はトラヤヌス円柱の台座に納められた。最近の仮説によると、ダキア戦争を描いた円柱の帯状装飾《レリーフ》はハドリアヌスが刻ませたものとされており、もともと円柱の柱身の表面は無地であった可能性がある。のちに、ハドリアヌスは円柱の近くにトラヤヌス神殿を建立し、皇妃プロティナが他界すると、この神殿を彼女にも奉献した。こうすることによって、ハドリアヌスは前皇帝に対して恭順《ピエタス》の意を表わし、自分の政策とは異なるが、トラヤヌスの征服政策を顕彰し、みずからの立場を確固たるものにした。逝去したトラヤヌスに対する敬意がその養子に跳ね返らないことはありえないからである。そのうえ、ハドリアヌスは「養子縁組《アドプティオ》」または「神々の摂理《プロウィデンティア・デオルム》」との銘を刻んだコインを発行することによって、トラヤヌスと養子縁組が結ばれたこと、神々の摂理によって帝権が与えられたことを強調した。「養子縁組」タイプのコインには、トラヤヌスとハドリアヌスが右手を握った姿が刻まれている。「神々の摂理」タイプのコインの一つには、ハドリアヌスに王杓を運ぶ鷲が描かれている。この鷲は、ハドリアヌスに帝権を渡すため神々から派遣された神君トラヤヌスを象徴している。文学史料に痕跡が窺える彼の即位に関する予兆——大伯（叔）父の予言（同書、二、四）、ウェルギリウスの神託[1]またはシビュッラの神託（同書、二、八）、ニケフォリオンのユピテルの神託[2]（同書、二、九）、カスタリアの泉の神託（アンミアヌス・マルケッリヌス『歴史』、二二、一二、八）、パヌエラ〔フードつき外套〕を紛失する前兆（「ハドリアヌス伝」、三、五）、ネルウァ帝のものであったダイヤモンドを拝領した前兆（同書、三、七）、天空の火がハドリアヌスにあたる夢（ディオ・カッシウス、前掲書、六九、二、一）——、これらの逸話はすべて、筆者が読者の関心をそそるため創作したものではなく、不透明な形で行なわれた即位を正統化するため、ハドリアヌスが流布させたと考えられる風聞を反映していた。

(1) ウェルギリウスの詩を神託と理解するという記述は、『ローマ皇帝群像』以外では知られていない。
(2) おそらくユーフラテス河畔のニケフォリオンと考えられる。

V　登位まえのハドリアヌスの友臣

ところで登位のまえ、ハドリアヌスには頼りにできる友臣がかなりいた。友臣たちはハドリアヌスを支援し、経歴の面で有利になるよう工作した。たとえば、L・リキニウス・スラ、このヒスパニア出身の有力な元老院議員は、執政官を三度経験した文人であり、第二次ダキア戦争時の軍功によって凱旋将軍顕彰《オルナメンタ・トリウンファリア》(1)が与えられていた。ネルウァ帝がトラヤヌスを養子にしたときの立役者であり、その後はハドリアヌスの利益を擁護していた。しかし、一〇八年頃他界したので、そのとき、トラヤヌスの演説の原稿を起草する役は、スラが目にかけていたハドリアヌスの担当となった。もう一人の高名な人物Q・ソシウス・セネキオは文武の才をもち、二度執政官に就任、ダキア戦争での功績によってトラヤヌスから凱旋将軍顕彰を授与され、公的な場に立像を立てるのを許されるという栄誉を得た。ハドリアヌスの親友でもあったが、おそらく、「ハドリアヌス伝」(四、二)の主張とは異なり、パルティア戦争時代のことではないだろう。彼は一一五年ごろ他界したと考えられるからである。同郷のアエミリウス・パプスもハドリアヌスの側近のサークルに属しており、のちにハドリアヌスはパプスの子の経歴を有利に取り計らった。

(1) 前一九年以降、凱旋は皇帝のみに認められることになった。そのため、大勝利を収めた将軍には、凱旋将軍顕彰が与えられることになった。

ハドリアヌスは騎士身分の人物とも懇意にしていた。その何人かは高位に就く。Ti・クラウディウス・リウィアヌスは、トラヤヌス治下でおそらく一一六年まで近衛長官であり、「最良の皇帝」《オプティムス・プリンケプス》トラヤヌスから厚い信任を得ていた顧問である。ダキア戦争とパルティア戦争ではトラヤヌスの参謀の一人であり、参謀内でハドリアヌスを支えていた。しかし、ハドリアヌスの登位を支援するうえで決定的な役割を演じたのは、前述したように、トラヤヌスが逝去したとき近衛長官であったハドリアヌスの同郷人P・アキリウス・アッティアヌスである。

トラヤヌスの宮廷では、二人の女性に「アウグスタ」の尊称が与えられ、二人は終始一貫、若きハドリアヌスを支援した。その一人、皇后プロティナはつねにみずからの利益を図ろうとする性格の持ち主だったので、悪意ある者は、二人のあいだに恋愛関係を想定した。義母マティディア――トラヤヌスの姉マルキアナの娘――は、一一二年、母マルキアナが他界して神格化されたとき、プロティナとともに、「アウグスタ」という尊称を与えられ、トラヤヌスのオリエント遠征の際、側近の一人であった。彼女も全面的に娘婿に肩入れしていた。一一九年、彼女の葬儀の際にハドリアヌスが捧げた弔辞の断章が碑文に刻まれて伝えられている。一方、プロティナの死去の際にハドリアヌスが行なった葬送演説に言及しているのは、ディオ・カッシウスだけであり、「プロティナは私にいろいろ要求したが、いつももっともな理由があり、節度あるものであった」（前掲書、六九、一〇、三a）と賞賛していたとしている。ハドリアヌスがプロティナの服喪を九日間と定め、慰霊のため弔辞を贈り、彼女に対して神殿を建立したと、ディオ・カッシウスは付言している。この神殿はおそらく「ハドリアヌス伝」（一二、二）がバシリカと呼んでいるものであり、彼女が他界するまえにネマウスス（現ニーム）に建立された。

ハドリアヌスの支持者には新世代に属する人物が多く、どちらかというと、王朝的な元首政を容認する傾向があった。ハドリアヌスの元首政では絶対主義的傾向が比較的顕著であり、小プリニウスやタキトゥスの考えとはかけ離れていた。そのうえ、ハドリアヌスの支持者はトラヤヌスの対外拡張政策に反対していた。

第二章　ハドリアヌス治世の政治史

I　四人の執政官経験者の排除

新しく任命された皇帝と元老院との関係は、突如、悪化することがある。元老院は、ハドリアヌスの登位という既成事実に対して、まったく形式的に追認を求められただけではない。治世初期の混乱状態のなか、四人の執政官経験者が死刑に処せられたのである。「ハドリアヌス伝」（七、二）に述べられているように、これらの処刑が元老院の命令で行なわれたとしても、元老院がみずからの意思で何人かの最も高名な議員を排除した理由はよくわからない。この処刑は、おそらく近衛長官アッティアヌスの主導によって、ハドリアヌスの登位が拒否されないようにするため行なわれたのだろう。彼らが陰謀を企てたという非難は、おそらく、まったく根拠がないと思われる。これら四人の執政官経験者は、トラヤヌス治世下の元老院で一定の影響力を保っていた。A・コルネリウス・パルマ・フロントニアヌスは、トラヤヌスのもとで二回正規執政官に就任し（九九年、一〇九年）、属州タッラコネンシスの皇帝管轄属州総督《レガトゥス・アウグスティ・プロ・プラエトレ》、ついでシリアの皇帝管轄属州総督となり、一〇五年から一〇六年にかけてアラビアのナバタエア地方を平定してローマ帝国に編入し、その結果、凱旋将軍顕彰《オルナメンタ・トリウンファリア》を授与され、公的な場に立像を立てることが許されていた。トラヤヌスのもとで最も偉大な将軍の一人である。帝国の対外拡張政策を支持すると同時に、元老院の特権を守ろうとする伝統主義者たちと懇意にしていた。L・プブリウス・ケルススは、一〇二年に補充執政官、一一三年に正規執政官に就任、彼も凱旋立像を立てる栄誉が認められ、経歴はあまり知られていないが、同様に、トラヤヌスのもとで高名な将軍であった。ルシウス・クィエトゥスはマウリ族の出身であり、トラヤヌス麾下でダキア戦争とパルティア戦争に従軍、軍事の才覚と峻厳な性格で名を馳せた。パルティア戦争ではいくつかの都市を占領して破壊し、メソポタミアのユダヤ人の反乱を粉砕した（一一七年）。トラヤヌスは、彼を法務官格の元老院議員に抜擢《アドレクティオ》することによって褒賞し、属州ユダヤの皇帝管轄属州総督《レガトゥス・アウグスティ・プロ・プラエトレ》に任命、一一七年には補充執政官に任命した。ハドリアヌスは、治世初期、従来のような主戦論を採らない帝国には不要または危険な人物と考えたのだろう。このクィエトゥスから騎兵隊指揮官の職を剥奪した。この事件で失脚した四人目の執政官経験者は、C・アウィディウス・ニグリヌスである。一一〇年の補充執政官、属州ダキアの総督を務め、軍事的才能の持ち主であったほか、きわめて能弁であり、ストア哲学者でもあった。一部の元老院議員――そのなかには彼と同時に死亡した人物を含む――にとっては、ニグリヌスは理想的な皇帝の器《カパックス・インペリイ》であった。彼を支持する者たちはハドリアヌスの養子縁組を遅らせ、いや妨害しようとさえしたにちがいない。トラヤヌスの傍で影響力を有していたからである。ニグリヌスは、トラヤヌスの対外拡張政策に忠実であると同時に、平和を志向しているが専制的な傾向があるハドリアヌスの帝国ではなく、元老院に重要な役目を与える元首政に期待をかけていた。陰謀の企てに対処するためか、将来のあらゆるリスクを排除するためか、これら四名の執政官経験者は処刑された。パルマはタッラキナ（現テッラチーナ）で、ケルススはバイアエ（現バイア）で、ニグリヌスはファウェンティア（現ファエンツァ）で処刑され、ルシウス・クィエトゥスは旅路で殺害された。

これらの殺害はハドリアヌスがイタリアへ帰還するあいだに実行されたが、この件に関する皇帝の責任については疑問点が残っている。公式の説明では、皇帝にはまったく疑わしいところはないとされており、ハドリアヌスは自分の覚書《コンメンタリイ》に、四人の執政官経験者が、自分の意思に反して、元老院の命令で死罪に処せられた、と記している(「ハドリアヌス伝」七、二)。そのうえ、この決定の責任を負わされたのがアッティアヌスであり、ハドリアヌスはのちに彼を近衛長官の職から解任した〔一一九年〕。世論に紏弾の証《あかし》を示すためであった。と同時に、登位に際して決定的な役割を演じたため、影響力をもちすぎるおそれのある人物を、権力の座から遠ざけるためでもあった。アッティアヌスは完全に失寵してしまったわけではない。彼が権力を失ったとしても、ハドリアヌスはこの騎士身分の人物を抜擢《アドレクティオ》し、元老院議員に任じたからである。皇帝は、元老院議員を慰撫するため、元老院における演説で、「元老院の許可なきかぎり、元老院議員を処刑しない」という伝統的な誓約を行なった。元首顧問会《コンキリウム・プリンキピス》では、騎士身分の者には、元老院議員に関する事件について発言が許されなかったことが知られている。ハドリアヌスはローマへ帰還するや、民衆に二回目の祝儀《コンギアリウム》を支給した。帰還まえすでに一回目の祝儀が配られていたにもかかわらず追加支給したのである。重要なのは、このような行為によって、民衆の人気を得るとともに、新皇帝の元老院に対する措置を懸念していた元老院議員を味方につけようとしたことだ。

ハドリアヌスがこの四人の執政官経験者の事件で演じた役割がいかなるものであったにせよ、皇帝は——自分にとって宣伝効果がなければ——即座に、アッティアヌスによって勧められた過激な解決策よりも、寛容のほうを選んだと思われる。事実、治世が始まるや、ハドリアヌスは、アッティアヌスがただちに殺害するよう進言した、帝権にとって危険な三人の人物の排除を拒否した。すなわち、ハドリアヌスがシリアに滞在し、首都にいなかったあいだに、ローマ市で高官に就いている立場を利用して皇帝の悪口を吹聴しようとした首都長官《プラエフェクトゥス・ウルビ》バエビウス・マケル（小プリニウスの友人）の排除を拒否し、ついで、執政官を二回経験したが、理由は不明だが、おそらくトラヤヌスのハドリアヌスとの養子縁組に激しく反対したためであろう、「最良の皇帝《オプティムス・プリンケプス》」トラヤヌスの不興を買って島流しにされていた元将軍M・ラベリウス・マクシムス、そして、ネルウァ治世下で陰謀を企み、タレントゥム（現ターラント）に追放され、トラヤヌスによって召還されたが、ふたたび陰謀を企み、島流しにされていた元属州総督C・カルプルニウス・クラッスス・フルギ・リキニアヌスの排除を拒否したのである。この三人のうち、クラッススだけは、ハドリアヌス治世下で排除された。彼が流刑に処せられていた島を離れたため、その島を管理していた管理官《プロクラトル》の決定によって排除されたのである。

Ⅱ　ハドリアヌスと元老院

したがって、ハドリアヌスの即位に反対する兆候や、治世初期に特有の、緊張した雰囲気が認められる。かかる雰囲気が当時上梓されたタキトゥスの『年代記』に強い影響を与えたにちがいない。しかし、ハドリアヌスは寛容《クレメンティア》のイメージを出そうとしたようだ。その後、トラヤヌスの例にしたがって、皇帝は元老院や元老院議員たちに一定の敬意を払うようにしたが、このような丁重な姿勢の背景には、元老院の役割縮小と帝権の強化という、前任者のもとですでに始まっていた動きがともなっていた。『ローマ皇帝群像』（「ハドリアヌス伝」一一、四以下）とディオ・カッシウス（前掲書、六九、七）は、皇帝がスパイ行為をさせるほど旺盛な好奇心の持ち主であったことを暴露しているが、次のような皇帝の丁重な姿勢を示している。ハドリアヌスは、みずからの責任からではなく財産不足に陥っている元老院議員を援助し、元老院議員がもつべき財産額に達するよう取り計らった。アウグストゥスがとった措置と同じである。ハドリアヌスはみずからできるかぎり元老院の定例会議に出席するようにした（「ハドリアヌス伝」、八、六）。ローマではしばしば現任の法務官や執政官のもとを訪れた（同書、九、七）。宴会に招待した元老院議員を立ったままで出迎えた[1]（同書、二二、四）。皇帝の解放奴隷や奴隷があまりも重要な地位に就いたり、横柄な態度をとるのを好まなかった。ユリウス・クラウディウス朝下でしばしば起こっていたことと逆である。したがって、『ローマ皇帝群像』によると、自分の奴隷の一人が二人の元老院議員のあいだを歩いていたとき、平手打ちを食らわせたのである（同書、二一、三）。

（1）謙譲の表現である。カエサルは、自分に対する栄誉の決議を行なうためウェヌス・ゲネトリクス神殿（在・フォルム・ユリウム）に来た元老院議員を座ったまま出迎え、顰蹙を買ったことがある（スエトニウス『ローマ皇帝伝』「カエサル伝」七八）。

さらに、元首顧問会に参加させる人物については、元老院の同意を得ようとしたようだし（同書、一八、一）、彼の治世下では、大逆罪に基づく告訴は認められなかった（同書、一八、四）。皇帝自身、みだりに肩書をつけようとせず、三回目の執政官職に就任したにすぎない（一一九年）。三度《みたび》執政官職に就任したのは、M・アンニウス・ウェルス（のちのマルクス・アウレリウスの祖父）とセルウィアヌス（ハドリアヌスの義兄）であった。ハドリアヌスは一二八年になってようやく国父《パテル・パトリアエ》の肩書を受けとった。元老院は登位後すぐにこの肩書を授与しようとし、その後も一度与えようとしたが、実現していなかった。ハドリアヌスは、ずっとあとになってこの称号を受けとったアウグストゥスの例にならおうとしたのである（同書、六、四）。一般的にいって、皇帝は公然と専制主義反対を口にし、「市民の集会でも、元老院でも、国家が民衆のものであり、私物ではないことを自覚して、国家を統治している」〔同書、八、三〕と述べ、伝統を尊重している体制に見せかけようとした。このような宣言は、皇帝は臣民に対する奉仕者であるというストア哲学の理想に適っていた。ハドリアヌスはいつもこのような皇帝の責務という高尚な考えをもっていたが、つねに元老院が満足する形で職務を遂行していたわけではない。多くの元老院議員が個人の資格で皇帝の活動に協力するよう求められていたとしても、中央集権化、行政機関の充実、騎士身分の者による官僚制度の進展は、それ自体、皇帝権力との関係では、元老院の役割を縮小させたからだ。ハドリアヌスが伝統に背いてくだした決定は反発を招いたが、そのことは皇帝と元老院のあいだに緊張関係が生じていたことを反映している。たとえば、行政の効率を一層高めるべく、皇帝はローマから一〇〇キロメートル以遠のイタリアの裁判権を法務官《プラエトル》の職務から除外し、執政官を経験済みの元老院議員のなかから四人を任命して、各々に担当地域の裁判に当らせた〔六五頁参照〕。その一人がアントニヌスである。しかし、この措置によって元老院が権限を失ったので、元老院議員のあいだで不満が昂じていた。そこでアントニヌスは皇帝に就任するや、この改革をもとへ戻した。しかし、この改革が不可欠であった証拠に、マルクス・アウレリウスはハドリアヌスの制度を少し緩和した形で復活させ、イタリアでは、法務官経験者のなかから裁判官《ユリディクス》を任命することにしたのである。

治世末期、ハドリアヌスと元老院との関係はさらに悪化する。皇帝は、病気の影響からか、マリウス・マクシムス——ハドリアヌスに好意的でないことで知られていた歴史家——が天性のものだと評した残忍さが表面に出てくるようになったらしい。皇帝は何人かの元老院議員を処刑するよう命じたのかもしれないが、幸いにもアントニヌスがこれらの議員を救った。旧友に対する斑気《むらき》やある種の敵意の面でも、ハドリアヌスは非難される。さらに、自分自身の後継者問題を解決するとき、セルウィアヌスとCn・ペダニウス・フスクスを厳しく扱ったので、みずからの支持者をも離反させることになった。いずれにせよ、ハドリアヌスが記憶の断罪《ダムナティオ・メモリアエ》(1)を受けないようにするためには、彼の養子アントニヌス・ピウスの如才なさが必要であった。逝去した皇帝に対し、元老院が怒りをぶちまけたからである。ハドリアヌスの放埒が、カリグラ、ネロ、ドミティアヌスのような皇帝たちのそれと似ていたからではない。おそらく、当時、権力の専制主義的傾向が強まったことに対する仕返しであったのだろう。

(1) 皇帝が死亡すると、元老院はその皇帝の生前の行為を評価し、善帝と判定すれば神格化し、悪帝と判定すればその皇帝の存在と統治行為をすべて抹消する「記憶の断罪」という措置をとった。碑文から当該皇帝の名前を削りとるのは後者の一例。

元老院の構成に関しては、研究者の調査データ――出身地が判明している元老院議員は全体の三分の一にすぎないから、解釈にあたっては一定の慎重さが必要――によれば、イタリア人に対する属州出身者の割合は、トラヤヌス治世下で著増した。この傾向はハドリアヌス治世下でも続く。ハドリアヌスによって任命された新しい元老院議員は、トラヤヌス時代よりも、ガリア人とヒスパニア人の割合が少ない。ヒスパニア閥のおかげで皇帝に就任した最良の皇帝《オプテイムス・プリンケプス》トラヤヌスは、新しく元老院議員となった五三人のうち、一四人をヒスパニア系から選んでいた。ハドリアヌスはヒスパニア系が影響力をもちすぎることを認めず、新しく選んだ元老院議員三三人のうち六人しか、ヒスパニア系を抜擢しなかった(R・エティエンヌ『ヒスパニア出身のローマ皇帝』)。しかし、執政官暦表を見れば、いまだにヒスパニア人が大きな役割を占めていることがわかる。そのうえ、ハドリアヌス治世下で三度執政官職に就いたのは、二人のヒスパニア人、L・ユリウス・ウルスス・セルウィアヌス(ハドリアヌスの義兄)とM・アンニウス・ウェルス(将来のマルクス・アウレリウスの父系祖父)のみである。皇帝は何人かのヒスパニア人にも顕職を与えた。一一八年と一一九年には、自分の同僚執政官として〔執政官はつねに二人選ばれる〕、甥のCn・ペダニウス・フスクス・サリナトル、P・ダスミウス・ルスティクス(1)、A・プラトリウス・ネポスを選んだ。東方出身の新任元老院議員は少し増えたが、属州アフリカ出身の元老院議員の割合は著増した。この属州が重要になってきたことの証《あかし》である。この属州からは、知的エリートが輩出し、二世紀末には皇帝セプティミウス・セウェルスが登場する。

(1) ハドリアヌスの曾祖母ダスミア・ポッラがP・トッリウス・ワッロとの最初の結婚で儲けた子（巻頭の系図I参照）。ダスミウス氏は、属州バエティカの、オリーブ栽培で有名な富豪。

III 統治のスタッフ

1 新旧のスタッフ

政権の座にいたとき、ハドリアヌスは素晴らしい人物に補佐されていた。その多くは新たに元老院議員になった人物であり、法務官を経験するや、ただちに上級の行政職に配属された。しかし、トラヤヌスの辣腕の将軍たちが新政権とひと悶着起こしていたとしても、ハドリアヌスはトラヤヌス配下の高官のなかにも協力者を見つけることができた。たとえばアレッティウム（現アレッツォ）のC・キルニウス・プロクルス（トラヤヌス治世下でダルマティアと上部モエシアという皇帝管轄属州の総督を務め、ダキア戦争で功績を挙げた元執政官）は、ハドリアヌスが一一八年にダキアとモエシアを再編成したとき、側近《コミス》の一人であった。ハドリアヌスはまた、将軍C・ユリウス・クァドラトゥス・バッスス（ダキア戦争で功績をあげ、属州カッパドキア、ついで属州シリアの総督に就任）からも支持されていた。一一七年、C・アウィディウス・ニグリヌスがトラヤヌスによって属州ダキアから召還されたとき、この属州は彼に託された。バッススがこの総督在職中に他界すると、ハドリアヌスは彼に対し、ことのほか壮麗な葬儀を挙行した。L・カティリウス・セウェルス（将来のマルクス・アウレリウスの母方の曽祖父。一一〇年に執政官に就任、パルティア戦争のとき、属州カッパドキアとトラヤヌスが新設した属州アルメニアを統治し、その功績で褒賞された）は、ハドリアヌスが厚い信頼を寄せていた人物であり、治世当初、戦略拠点である属州シリアの総督に任命され、一二〇年には二度目の執政官に就任した。セウェルスは属州アフリカの総督を経験したあと、首都長官《プラエフエクトゥス・ウルビ》に任ぜられ、元老院議員の経歴の頂点を極めた。しかし、アントニヌスとの養子縁組に不満を表明したため、一三八年、首都長官を解職された。ハドリアヌスは彼と同世代のトラヤヌスに仕えた将軍たちとも交流があった。皇帝はヒスパニア人L・ミニキウス・ナタリスに対し上部パンノニアの皇帝管轄属州総督《レガトゥス・アウグスティ・プロ・プラエトレ》の地位を追認する。彼は第一次ダキア戦争での軍功で褒賞され、一〇六年に執政官、パルティア戦争で軍団の司令官であった。エジプト長官で経歴を終える。C・ブルッティウス・プラエセンスは、パルティア戦争で勇名を馳せ、トラヤヌス治世下で属州キリキアを治め、ハドリアヌス治世の初期に執政官に就任、下部モエシアとカッパドキアという属州を治め、その後、ハドリアヌスの晩年に属州アフリカの総督となった。一三九年には二度目の執政官に任命された。ハドリアヌスは、L・ノニウス・カルプルニウス・トルクァトゥス・アスプレナス（一〇七年〜一〇八年の属州アシアの総督）のような元老院の著名な人物とも良好な関係を保っていた。一二八年、六十五歳を超えていたが、二度目の執政官に就任した。

2　近衛長官

ハドリアヌスは、四人の執政官経験者処刑事件のあと、前皇帝に仕えた二人の近衛長官《プラエフェクトゥス・プラエトリオ》を一一九年まで留任させた。この年、P・アキリウス・アッティアヌスとSer・スルピキウス・シミリスをQ・マルキウス・トゥルボとQ・セプティキウス・クラルスに更迭した。Q・セプティキウス・クラルスは、一二〇年代に、周辺に文筆家や政治家のサークルをもっていた。このサークルは、友人小プリニウス（『書簡集』の巻頭書簡はこのクラルス宛）のサークルの主張と異なっており、ハドリアヌスに好意的で、専制主義の強化に賛成の立場をとっていた。セプティキウス・クラルスのほうは『ローマ皇帝伝』を捧げてくれたスエトニウスを擁護し、文学に対し一定の理解を示していた。おそらく一二二年のことであろうか、スエトニウスとともに皇帝の寵を失い、近衛長官の職を失った。「ハドリアヌス伝」（一一、三）は、両人がサビナに対し宮廷の礼儀作法に背く振舞いをしたからだとしている。セプティキウス・クラルスとスエトニウスに敵意を抱いた人物が皇后の後ろ盾を利用して両人を害しようとしたのでなければ、おそらく、ハドリアヌスとの政治上の見解の相違を隠すための口実であるか、あるいは宮廷で繰り広げられていたある種の陰謀に対する皇帝の猜疑心にすぎないのだろう。

Q・マルキウス・トゥルボは、もともと近衛隊の兵士であり、トラヤヌスとその後継者のもとで華々しく出世を遂げた。一一六年、トラヤヌスは彼をミセヌム艦隊の長官に任命し、キュレナイカとエジプトにおけるユダヤ人の反乱を鎮圧させる。ハドリアヌスは、治世のごく初期、彼をマウレタニアへ派遣し、当地の治安を回復させた。ついで、この騎士身分出身のトゥルボが軍団を指揮できるように、実際に就任していないにもかかわらず、エジプト長官の肩書を与え〔一一九年〕、パンノニアとダキアの指揮という重要な任務を託した。軍人であるが、秀でた行政官でもあったので、そのあと近衛長官に昇進し、ハドリアヌス治世のほぼ全期間を通じて、おそらく一三六年まで、その職に留まった。ハドリアヌスと不仲となるが、おそらく後継者問題が発生したときのことであろう。

3　帝国のために尽力したが、失寵した元老院議員

国家のため尽力した何人かの元老院議員は、皇帝の猜疑心、見解の相違、さらには皇帝の気紛れによって、寵を失い、苦境に陥った。たとえば、A・プラトリウス・ネポスの場合がそれである。彼は、治世初期に名を馳せ、一一九年に執政官に就任、トラキア、ついで下部ゲルマニア、最後にブリタンニアを統治し（一二二〜一二六年）、そのときハドリアヌスの防壁《リメス》（いわゆる「ハドリアヌスの長城」）の築造を監督した。おそらく、ヒスパニア系出身者にこだわるあまり、L・ケイオニウス・コンモドゥスとの養子縁組に反対したからであろう、皇帝と不仲になった。「ハドリアヌス伝」（一五、四）に登場する「マルケッルス」は、皇帝により自殺に追い込まれた人物であるが、おそらく、C・クィンクティウス・ケルトゥス・ポブリキウス・マルケッルスであろう（ハドリアヌス逝去後に刻まれたアクィレイアの碑文は彼を称揚しているが、おそらく死後のこと）。この偉大な将軍は一二〇年に補充執政官に就任、上部ゲルマニアを治め、バル・コホバのユダヤ戦争のときシリアを統治し、そのあと凱旋将軍顕彰《オルナメンタ・トリウンファリア》を与えられた。L・ネラティウス・マルケッルスではあるまい。[1] このマルケッルスは法学者L・ネラティウス・プリスクスの兄（弟）で、フラウィウス朝と五賢帝時代初期に元老院で華麗な経歴を歩み、執政官（九五年）、ブリタンニアの皇帝管轄属州総督《レガトゥス・アウグスティ・プロ・プラエトレ》、おそらくトラヤヌスのもとで属州アフリカの総督となり、すでに老齢であった一二九年、ハドリアヌスによって二度目の執政官に任ぜられた。しかし、このトラヤヌスの協力

者は、ハドリアヌスの寵を得たあと、彼と仲違いした可能性がある。史料はハドリアヌスの途轍《とてつ》もない性格が原因だと非難している。C・ウンミディウス・クァドラトゥスは、一一八年にハドリアヌスと同僚の補充執政官に就任、皇帝とは個人的に親交を保っていたと思われる。一二一年から一二四年頃、属州下部モエシアの皇帝管轄属州総督に就き、一三三年から一三四年、おそらく属州アフリカの総督に就任した。しかし、後継者問題を解決するとき、将来のマルクス・アウレリウスの家族と姻戚関係があったため、損をしたのかもしれない。ハドリアヌスより十五歳たらず年下のD・テレンティウス・ゲンティアヌスは、トラヤヌスが早く栄進させた人物である。パルティア戦争で軍功を挙げ、一一六年に執政官に任命される。このトラヤヌス時代の元帥は、当初ハドリアヌスに遠ざけられることなく、属州マケドニアの法務官格の総督に任命され、戸口調査を担当、一二〇年までその任にあった。そのあと、他に職を得たとしても、どのような職に就いたのかは定かでない。この勇敢な軍人は民政面の能力が劣っていたとは考えられないし、元老院でも高く評価されていた。しかし、いつのことか不明だが、あるとき不可解な理由でハドリアヌスと不仲になった。「ハドリアヌス伝」(一五、四)は、皇帝の支持を失ったのは、元老院の信任が厚く、皇帝が皇帝の器《カパックス・インペリイ》として怖れていたからだ、という説を提起している。

(1) ネルウァ帝からマルクス・アウレリウス帝までの五人の皇帝の時代(九六〜一八〇年)。

4 気にいられていた元老院議員

Sex・ユリウス・セウェルスは、一二〇年に上部ダキアの初代の皇帝管轄属州総督《レガトゥス・アウグスティ・プロ・プラエトレ》に就任した。ハドリアヌス治世の初期、属州ダキアを揺るがした紛争がQ・マルキウス・トゥルボによって鎮圧され、この属州が再編成されたときのことである。セウェルスは、一二七年に補充執政官に就任し、ついで属州下部モエシア、そして属州ブリタンニアを治めた。ハドリアヌスに召還され、バル・コホバとのユダヤ戦争で成功を収めた。戦争終了後、凱旋将軍顕彰《オルナメンタ・トリウンファリア》を与えられ、シリア・パレスティナの統治を託された。第一級の将軍・行政官であり、つねに皇帝の信任をほしいままにしていた。

きわめて注目すべき人物としては、フラウィウス・アッリアノスがいる。この帝国東部出身の名望家は、属州ビテュニア地方ニコメディア生まれの優れた文人で、エピクテトスの弟子として師匠の言葉を書きとめた『語録《ディアトリベ》』と『要録《エンケイリディオン》』を著わした。元老院議員として素晴らしい経歴を歩む。すなわち、法務官、バエティカの属州総督（一二六年頃）を務め、一三三年から一三七年頃まで、属州カッパドキアを治めた。軍団司令官を二度務めたことを含め、皇帝管轄属州総督を務めた期間が長かったことは、ハドリアヌスが全幅の信頼をおいていた人物であることを示している。『黒海大航海』を皇帝に捧げたし、『戦術論』で言及しているように、歩兵隊に関する論考（散逸）も献呈した。『アラニ族戦争』は、一三四年にカッパドキア属州を脅威に陥れたアラニ族に対する戦果に基づいて書かれているが、これもまた彼の著書である。

5 法律家

ハドリアヌスは偉大な法律家にも支えられていた。L・ネラティウス・プリスクスは、経歴の大半を、ドミティアヌス帝、ネルウァ帝、トラヤヌス帝のもとで送り、トラヤヌス治下の九七年に執政官となり、下部ゲルマニア、ついでパンノニアの皇帝管轄属州総督を歴任、元首顧問会の一員であった。ハドリアヌスのもとでも元首顧問会のメンバーであったが、この皇帝から格別の栄誉を与えられたことはない。元老院の保守派を代表する人物であり、ネルウァとトラヤヌスの登位を推進した。P・ユウェンティウス・ケルススは、法律を「善と公正の技術」（アルス・ボニ・エト・アエクイ）という概念でとらえていた。法律を「明確な法《ユス・フィニトゥム》」でなければならないとするL・ネラティウス・プリスクスよりも柔軟な考え方の持ち主であった。とくに輝かしい経歴を歩む。一二九年には二度目の執政官（一回目はおそらく一一五年）に就任し、属州アシアの総督（おそらく一二九～一三〇年）にも任命されたからだ。アフリカのハドルメトゥム出身の著名な法学者P・サルウィウス・ユリアヌスは法学の能力に卓越していたので、ハドリアヌスは彼が法務官のとき給与を倍増した。皇帝はこの才知に富む法学者に告示《エディクトゥム》を法典化する作業を託した（七八頁参照）。彼の経歴はアントニヌスやマルクス・アウレリウスのもとでもつづく。一四八年に執政官となり、アントニヌスのもとで下部ゲルマニア、ついでマルクス・アウレリウスとルキウス・ウェルスのもとでヒスパニア・タッラコネンシスの皇帝管轄属州総督《レガトゥス・アウグスティ・プロ・プラエトレ》に就任し、最後に一六八年から一六九年にかけて属州アフリカの総督となった。

6　文人出身の公職者

ハドリアヌスは文人や騎士身分の者も管理者《プロクラトル》に登用してその能力を活用した。そのなかで最も有名な人物がスエトニウスである。文筆活動は多岐にわたっており、なかでも『ローマ皇帝伝』を著わした。トラヤヌスのもとで学事担当官《ア・ストゥディイス》を務め、ついで、同時に学事担当官でなかったとしても、司書担当官《ア・ビブリオテキス》を務めた。軍務経験のない、したがって完全に文官として歩んだ騎士身分の人物としては、どうやらアレクサンドレイアのディオニュソスについで二人目であるらしい。ハドリアヌスのもとでも、おそらく治世当初から書簡担当官《アブ・エピストゥリス》に就任した。その後、おそらく一二二年、皇帝の不興を買ったと思われる。シリア出身の弁論家C・アウィディウス・ヘリオドルスは、ハドリアヌスのもとでギリシア語書簡担当官《アブ・エピストゥリス・グラエキス》の事務所を指揮したあと、エジプト長官に就任した。おそらく、ハドリアヌスが書簡で厳しく追及したと思われる友臣の哲学者ヘリオドルス（「ハドリアヌス伝」一五、五）と同一人物と考えるべきであろう。いずれにしても、この件で彼の経歴には傷がつかなかったようだ。ワレリウス・エウダエモンも、帝国東部（ギリシア・オリエント地方）出身のエリートである。この人物がハドリアヌスの不興を買ったことは、現実に彼の身に影響が及ぶ。皇帝の登位に尽力したはずであり、治世の初期、皇帝からアレクサンドレイアの財務担当管理官《プロクラトル》の職を託され、ついで司書担当官、ギリシア語書簡担当官、ハドリアヌスが訪れる属州の財務担当管理官に任ぜられ、したがって皇帝の側近であった。だが治世末期、おそらくQ・マルキウス・トゥルボと同時に、皇帝の寵を失ったと思われる。しかし、アントニヌスのおかげで、経歴を続けることができ、エジプト長官まで昇りつめた。騎士身分のL・ユリウス・ウェスティヌスは、高名な知識人であって、アレクサンドレイアと全エジプトの大神祇官《アルキエレウス》、アレクサンドレイアの学術研究所《ムセイオン》の所長を務めた。一三〇年、皇帝がアレクサンドレイアを訪問した際、おそらく高い評価を得たのだろう、ハドリアヌスによってラテン語・ギリシア語書簡担当官と学事担当官に任命された。かくしてローマまで皇帝に随行し、皇帝に重用された。修辞学の論考を著わしたカニニウス・ケレルは、青年時代からミレトスのディオニュシオスと仲がよくなかった。ハドリアヌス治下でギリシア語書簡担当官となり（フィロストラトス『ソフィスト列伝』五二四）、将来のマルクス・アウレリウスとルキウス・ウェルスにギリシア修辞学を教えた。マルクス・アウレリウスの『自省録』（八、二五）では、ハドリアヌスを埋葬したのはケレルとされている。ソフィストであったミレトスのディオニュシオスは、ハドリアヌスによって、ある属州の管理官《プロクラトル》に任命されたが、どの属州であったのかは特定できない（フィロストラトス、前掲同所）。

Ⅳ　後継者問題

病魔に侵されていることを悟ったハドリアヌスは、嫡子がなかったので、養子縁組という伝統的手法で問題の解決を図ろうと考えた。まずL・ケイオニウス・コンモドゥスを後継者にすることで解決しようとしたが、彼が早世したので失敗し、その結果、アントニヌスを養子にしようと考える。

1　不可解な選択――L・ケイオニウス・コンモドゥス

L・ケイオニウス・コンモドゥスは、一三六年にハドリアヌスの養子となったとき、三十五歳くらいであった。『ローマ皇帝群像』によると、どの点から見ても皇帝の器《カパックス・インペリイ》ではなかった。伊達者の繊細さ、独創的な料理のわざ、惰弱な遊蕩者の洗練さという点で秀でていただけで、そのうえ軍務経験もなく、トラヤヌスやハドリアヌスと異なり、まったく軍人《ウイル・ミリタリス》らしいところがなかった。さらに悪いことには、健康も芳しくなかった。『ローマ皇帝群像』が喧伝する毒舌によると、彼が養子になれたのは、美青年であったから、とのことである。

実のところ、L・ケイオニウス・コンモドゥスは、『ローマ皇帝群像』が述べているほど能力が劣っていたわけではない。弁舌爽やかであり、公務では能力を存分に発揮していた。さらにハドリアヌスは彼に属州統治を託したが、非の打ちどころがなかったらしい。それでは、なぜこのような選択が行なわれたのだろうか。ジェローム・カルコピーノは、サビナの他界をまって養子縁組が行なわれたこと、皇帝がL・ケイオニウス・コンモドゥスに対して優しく、互いに趣味や気立てが似ていたこと、体つきがそっくりだったこと、といったいくつかの手がかりをもとに、ハドリアヌスの私生児ではないか、という仮説を提起した。しかし、いくつかの仮定を総合してみても、確たる証拠が得られるわけではない。おそらく理由は別のところ、L・ケイオニウス・コンモドゥスの家族関係に求めるべきであろう。彼は、身内から多数の執政官を輩出している、元老院で有力な、由緒ある貴族の氏族《ゲンス》の出であった〔系図II参照〕。父系の祖先はエトルリア出身であり、L・ケイオニウス・コンモドゥス自身、C・アウィディウス・ニグリヌス〔ハドリアヌスの治世初期に排除された四人の執政官経験者の一人〕の娘と結婚していた。このようにしてハドリアヌスは元老院を味方につけ、約二〇年が経ったあと、古き友臣の栄誉を称えることによって、体制の間違った第一歩を忘れさせようとしたのかもしれない。

　ハドリアヌスは、古くから繋がりのあるヒスパニアの氏族——アンニウス氏——の子の将来も考える。それが、当時M・アンニウス・ウェルスと呼ばれていた、のちのマルクス・アウレリウスである。皇帝はこのマルクスとL・ケイオニウス・コンモドゥスの娘ケイオニア・ファビアを婚約させた〔この婚約は後日解消される〕。L・ケイオニウス・コンモドゥスの健康状態が芳しくなかったので、マルクス・アウレリウスが統治できる年齢に達するまで、中継ぎとして、とくに彼が選ばれた、と考える歴史家もいる。

　ハドリアヌスはマルクス・アウレリウスを幼少のころから可愛がっており、六歳のときサリイ神官団①に入れた。皇帝は家名《コグノメン》の「ウェルス」〔「誠実な」の意〕に掛けて、ウェリッシムス〔「最も誠実な」の意〕と呼んでいた。マルクスがきわめて誠実な人物であることをいおうとしたのか、道徳的に求めている資質を——おそらく少々皮肉を込めて——仄めかそうとしたのか、このように呼んでいた。ハドリアヌスは彼をラテン祭長官に任命する。マルクス・アウレリウスの父系の祖父〔同名のM・アンニウス・ウェルス〕

と母系の曽祖父L・カティリウス・セウェルスは、ハドリアヌスのかけがえのない協力者であった。とくにこのセウェルスは、ハドリアヌスの登位が不透明であったとき、彼の後釜としてシリア総督を務めたことがあった。セウェルスは小ドミティア・ルキッラの祖父であったらしい。[2] 小ドミティア・ルキッラはハドリアヌスの異父妹のはずであり、[3] マルクス・アウレリウスを生む。したがって、ハドリアヌスはマルクス・アウレリウスの母系親族とは繋がっている。

（1）マルス神の神官団。パラティヌス丘とクィリナリス丘に各々一二人で構成される神官団があった。この神官団は、戦争シーズンの開始（三月）と終了（十月）の数日間、踊りや歌で囃し立て、行列をつくってローマ市を歩き回った。

（2）マルクス・アウレリウスの祖母の大ドミティア・ルキッラは、Cn・ドミティウス・ルカヌスの実子であるが、ルカヌスの兄（弟）Cn・ドミティウス・トゥッルスの養女となった。このトゥッルスの妻ダスミウス・ポッラがカティリウス・セウェルスと再婚したので、セウェルスは大ドミティア・ルキッラの義父となり、したがって、マルクス・アウレリウスの曽祖父となった（マルクス・アウレリウス『自省録』一、四）。

（3）推測表現になっていることについては、二三頁の注（2）参照のこと。

L・ケイオニウス・コンモドゥスは、養子となるまえの一三六年、正規執政官に就任した。ついで二度目の執政官に指名され、一三七年一月一日、就任した。この日、彼はローマを留守にしていた。戦略上きわめて重要な属州である上部・下部パンノニアを統治するため、現地に派遣されていたからだ。ハドリアヌスは、彼がこの派遣で実力を発揮し、軍隊内で知名度をあげるチャンスを与えたのである。L・ケイオニウス・コンモドゥスは養子縁組によってルキウス・アエリウス・カエサルとなった。すなわち、トラヤヌスやハドリアヌスと異なり、養父の氏族名（アエリウス）をもらった。これは後継者選択が王朝風に行なわれたことを強調している。家名《コグノメン》がカエサル〔副帝の意〕であることも、L・ケイオニウス・コンモドゥスを王権の継承者に指名したことを示している。この養子縁組のあと、皇帝の重要な権限の一つ護民官職権《トリブニキア・ポテスタス》が与えられた。しかしながら、L・ケイオニウス・コンモドゥスは病を得、予定より早くパンノニアから帰還を余儀なくされる。「ハドリアヌス伝」（二三、一四）によれば、そのときハドリアヌスは自分の選択が誤っていたことを嘆いたようだ。一三八年一月一日、L・ケイオニウス・コンモドゥスが他界、ハドリアヌスは彼に対し皇帝に対するのと同等の葬儀を行なった（「アエリウス伝」六、六）。

2　アントニヌスならびに将来のマルクス・アウレリウスとルキウス・ウェルス

L・ケイオニウス・コンモドゥスの病状が最終段階にあったとき、ハドリアヌスはすでに後継者の問題を再考していたのだろう。一三八年二月二十五日、アントニヌスと養子縁組を結ぶ。T・アウレリウス・フルウス・ボイオニウス・アッリウス・アントニヌスである。イタリアに広大な土地をもつ裕福なネマウスス（現ニーム）の家系の出で、五十二歳であった。一二〇年に正規執政官となり、元首顧問会《コンキリウム・プリンキピス》のメンバーであった。ハドリアヌスはすでに彼を、イタリアを担当する四人の元執政官の一人に任命していた。一三四年から一三五年にかけて、アントニヌスは格の高い元老院管轄属州アシアの総督に任命され、この職在任中に廉潔と英知を示した。養子となってからは、T・アエリウス・カエサル・ハドリアヌス・アントニヌスを名乗る。帝国の行政にきわめて深く関与することになり、属州総督命令権《インペリウム・プロコンスラレ》「プロコンスル命令権ともいう」と護民官職権《トリブニキア・ポテスタス》の権限を付与され、最高司令官《インペラトル》の肩書も与えられた。ディオ・カッシウスは『ローマ史』（六九、二〇）で、ハドリアヌスがアントニヌスとの養子縁組を発表するため元老院で行なった演説をとりあげている。アントニヌスも、将来のマルクス・アウレリウスの親戚となった。アントニヌスの妻ファウスティナ（アンニア・ガレリア・ファウスティナ）

はマルクス・アウレリウスの父方の叔母であったからだ。したがって、マルクス・アウレリウスはアントニヌスの甥である。アントニヌスは、婚姻によってサビナの家族、したがってハドリアヌスの家族と繋がりができた。ハドリアヌスが皇帝を選ぶとき、アントニヌスの個人的資質にくわえ、血縁関係を考慮した可能性が高い。ハドリアヌスはほとんど旅行をしないし、あまり芸術にも関心を示さず、革新する能力に秀でていなかったので、養父とはかなり違っていたことを認識しておかねばならない。しかし、アントニヌスが誠実に自分の事績を継承してくれるものと、ハドリアヌスが考えていたふしがある。ハドリアヌスがこの養子縁組に課した条件は、アントニヌスがM・アンニウス・ウェルス（将来のマルクス・アウレリウス）とルキウス・ウェルス（最初の継承予定者L・ケイオニウス・コンモドゥスの子）を養子にすることであった。一六一年、この二人がアントニヌスを継承し、帝国にはアウグストゥス〔正帝の意〕が二人いることになった。このようにして、ハドリアヌスは後継者問題を二世代にわたって解決したのである。

アントニヌスにこれら二つの養子縁組を課した理由は何か、あるいは皇帝の頭のなかで優先順位が高かった養子はどちらであったのか、についていろいろと取り沙汰された。「マルクス・アウレリウス伝」（五、一）は、ハドリアヌスがアントニヌスを養子としたのは、アントニヌスにマルクス・アウレリウスの即位までのつなぎ役を演じさせるためであり、ルキウス・ウェルスは二次的な役割をもつ運命にあったとしている。この見解はH＝G・プロームのような近代の学者によってふたたび採用された。彼はハドリアヌスによる後継者問題の解決を、真意を隠そうとする陰険な行動と考える。つまり、ハドリアヌスはまず、元老院議員L・ケイオニウス・コンモドゥスの余命が長くないことを知り、このコンモドゥスを選ぶことによって、イタリア出身の元老院議員の反発を押さえようとした。そしてアントニヌスにマルクス・アウレリウスとの養子縁組と同時にL・ケイオニウス・コンモドゥスの子との養子縁組を課した狙いも同じであり、ハドリアヌスの意中の後継者は将来のマルクス・アウレリウスであった、と考える。しかし、他の研究者は、本命はL・ケイオニウス・コンモドゥスの子であったとする。たとえば、J・カルコピーノ（若きルキウス・ウェルスはハドリアヌスの孫であるとする〔五五頁参照〕）やT・D・バルネス（「ハドリアヌスとルキウス・ウェルス」『ローマ研究雑誌（JRS）』五七、一九六七年、六五〜七九頁）はこの見解を採っている。バルネスが依拠しているのは、ハドリアヌスが若きルキウス・ウェルスとアントニヌスの娘アンニア・ガレリア・ファウスティナとの結婚を望んでいたことと、マルクス・アウレリウスとの関係で若きルキウス・ウェルスに特権的な地位を与えたと解釈されている一三八年の皇族を描いた帯状装飾《レリーフ》（エフェソスの図書館の近くで発見）が遺っていることである。したがって、ハドリアヌスによる後継者問題の解決は、いまだ、ある種の謎であり、二人の青年が組み合わされた理由はしかとはわからない。将来のマルクス・アウレリウスがもっていた生来の資質や彼の家族とハドリアヌスとの関係が、不確定な要素に慎重でありたいと思う気持ちとともに、影響を及ぼしていたにちがいない。もっとも元首政の創始者アウグストゥスの例にならったのかもしれない。ハドリアヌスがしばしば依拠したアウグストゥスは、孫のルキウス・カエサルとガイウス・カエサルを養子とし、彼らが他界すると、ティベリウス、さらにはアグリッパ・ポストゥムスをも養子としたからである。

3　後継者問題の解決策に対する反対

ハドリアヌスが逝去したとき、後継者はなんら問題とされず、誰一人としてアントニヌスの権限に異議を唱える者はいなかった。しかし、アントニヌスは、ハドリアヌスの指令が取消されたり、記憶の断罪《ダムナティオ・メモリアエ》が行なわれないようにするため、元老院に介入しなければならなかった。治世末期、皇帝と元老院の関係は緊張しており、ハドリアヌスは、L・ケイオニウス・コンモドゥスを選んだときも、最終的にアントニヌスを選ぶことになったときも、ある種の反対運動に直面していたにちがいないからだ。しかし、反対といっても、結局、いくつかのグループが反対しただけである。「ハドリアヌス伝」(二三、一一)によると「皆が反対したにもかかわらず」、L・ケイオニウス・コンモドゥスとの養子縁組は実現した。事実、皇帝の側近のあいだからは異議が出た。ハドリアヌスと初期の仲間の一人Q・マルキウス・トゥルボとの諍《いさか》いのことを指しているのかもしれない。ハドリアヌスはアッティアヌスの辞任のあと、このトゥルボを近衛長官に任命していた。トゥルボがこの職を失ったのは、おそらく一三六年のことであろう。最も強い反対は王朝の継承と関連があった。九十歳になるハドリアヌスの義兄弟L・ユリウス・ウルスス・セルウィアヌスとその孫(皇帝の姉(妹)ドミティア・パウリナの孫、つまり皇帝の姪の子)Cn・ペダニウス・フスクスの反対である。この後継者問題を解決するため、ハドリアヌスは、ユリウス・クラウディウス朝で使われた最悪の手段に訴え、この縁者二人を自殺に追い込んだ。ディオ・カッシウス(前掲書、六九、一七、二)は、この事件発生の時期をL・ケイオニウス・コンモドゥスとの養子縁組が行なわれた一三六年としているが、伝存するフスクスの星占いによると、フスクスの自害は一三八年、すなわち、ハドリアヌスが後継問題に関して一回目の解決(一三六年)を図ったあと、二回目の解決を検討していたときのことである。おそらく、この時点で最終的に皇帝に就任できそうもないことを悟ったフスクスは、祖父とともに、帝位継承問題で障害となっていたのだろう。ハドリアヌスが助けを求めたのは、家族の他のメンバー、前述したように、将来のアントニヌスとマルクス・アウレリウスであり、それにL・ケイオニウス・コンモドゥスの子ルキウス・ウェルスであった。しかし、マルクス・アウレリウスの曽祖父L・カティリウス・セウェルス（当時、首都長官）は、マルクス・アウレリウスが統治できる年齢に達するまでのつなぎ役としてアントニヌスの代わりに皇位就任を希望したのだろう。ハドリアヌスは彼を解職した。息子がアンニア・コルニフィキア・ファウスティナ（マルクス・アウレリウスの姉（妹））と結婚していたC・ウンミディウス・クァドラトゥスも、ハドリアヌスの後継者決定に係わる陰謀が巡らされたとき、不興を買った。しかし、皇帝の側近以外では、この継承に強く異議を唱える者はいなかった。

第三章　行政と政府

ヌマ(1)をまねしようとしたと考えられているハドリアヌスは、確かに良き統治者であった。彼の改革はすべて帝国の統一を図ることを目的としていた。

(1) 伝説上、王政ローマの二代目の王。ローマの宗教や法制度を整備したとされる。

I　中央行政機構、ローマ市、イタリア

1　元首顧問会

元首顧問会《コンキリウム・プリンキピス》は、すでにハドリアヌス以前に原型ができており（側近に共和政の高位公職者がいた伝統に基づく）、法的組織が定められていて、法務官《プラエトル》の権限の一部を有していた。法務官は、告示《エディクトゥム》(1)を更新するとき、もはや新しい規則を入れることはできなくなっていた。元首顧問会は行政・司法の最高機関であるが、元老院の判断については元首顧問会に訴えることができないという制約が設けられていた。元首顧問会には、多くの法律家が顧問委員《コンシリアリイ》（年俸一〇万セステルティウス級の職）や補助委員《アドスンプティ》（年俸六万セス

テルティウス級の職）として加わっている。そのメンバーには、皇帝の視察旅行に随行している者がおり、きわめて多くの問題について裁断《センテンティア》がくだされていたことが示しているように、皇帝は管理権を手放すことはなかった。皇帝は「勅法」《コンスティトゥティオ》(2)を出すことによって立法権を行使し、特殊な事例についても決定を積み重ね、それが法律の効果をもつ。逆説的にいえば、法学者の本来の役割が減り、法律家はもはや皇帝の意思を執行するだけとなっていた。

（1）命令権を持つ公職者（とくに法務官や属州総督、帝政期になると皇帝も）は自分の職務権限に属する事項について告示（「布告」とも訳される）を出す権利を有していた。したがって、法務官は、着任の際、従来の布告を踏襲することが多かったものの、任期中に従うべき訴訟の方式や法廷手続きなどに関する規定を告示し、掲示していた。

（2）勅法とは、勅答（七九頁の注（2）参照）、判決、告示、演説（七九頁の注（4）参照）を総称する。

2　公共輸送

属州と中央政府間の通信・交通を改善するため、ハドリアヌスは公共輸送《クルスス・プブリクス》の組織を改革し、帝国全域において、公式の書簡や役人の往来の制度に関して属州の公職者たちにのしかかっていた重い負担を軽減した。

3　中央行政機関

ヘレニズム諸王国の中央集権的政治の影響を受け、ハドリアヌスは迅速かつ効果的に行動できるように官房を再編成する。フラウィウス朝に始まっていた動きを強力に推進し、官房事務局の長に騎士身分の者を任用して、それまで官房事務局をあたかも元首の「家政」のように取り仕切っていた皇帝の解放奴隷《ファミリア・カエサリス》たちと交替させる。きわめて有能な管理官《プロクラトル》が責任の重い職務に就く。これは、より良き元老院議員を選ぶ基準でもある。この政策はスエトニウスの場合に明確に示されている。ヒッポ・レギウス〔在・アルジェリア〕のフォルムから出土した碑文によって知られている彼の経歴には、学事担当官《ア・ストゥディイス》、司書担当官《ア・ビブリオテキス》、書簡担当官《アブ・エピストゥリス》という三つの職位が挙げられている。スエトニウスは幅広い教養の持ち主であったので、近衛長官Q・セプティキウス・クラルス（職務上、皇帝の文書庫を利用できたため執筆できた『ローマ皇帝伝』を献呈した人物）の推挙を受け、ハドリアヌス治世初期から、中央政府と帝国の支配下にある都市や住民との通信を担当するギリシア語・ラテン語書簡担当官《アブ・エピストゥリス・グラエキス・エト・ラティニス》に任命された。もう一つの重要な職位の陳情・戸口調査担当官《ア・リベッリス・エト・ケンシブス》は、別の騎士身分の人物に託されている。皇帝と属州住民とのあいだのやりとりは、特定個人に限定されたものではなかったので、この構造から行政判例が形成される。騎士身分の者を中央行政組織の長に任命しはじめたのは、フラウィウス朝、それも主としてドミティアヌス帝の時代からであった。この点で、トラヤヌスとハドリアヌスはドミティアヌス帝の実績を継承していた。年俸二〇万セステルティウス級の職[1]が三四、年俸一〇万セステルティウス級の職が三五（うち三つの職が新設）、年俸六万セステルティウス級の職が三五（うち一四の職が新設）設けられている。この平和な時代に、帝国の財務管理、皇帝の官房、艦隊、エジプトや一部属州の統治を、一〇四人の騎士身分の役人でまかなえたという事実は驚嘆に値する。つづく皇帝のもとでも、職位の数はあまり増加しない。アントニヌス・ピウスのもとで一〇七人、マルクス・アウレリウスのもとでも一二五人である。皇帝たちは、高級官僚だけでなく、年俸六万セステルティウス級という下位の職にも気を配る。このため、元老院身分や騎士身分の高級官僚は、みずからの協力者を選ぶことができなくなっていた。

（1）年俸二〇万セステルティウス級の職には、首都長官、エジプト長官、食糧長官、夜警消防長官、ミセヌムやラウェンナの艦隊長官、ギリシア語・ラテン語書簡担当官、陳情・戸口調査担当官、重要な皇帝管轄属州の財務担当管理官などがある。

II　属州の行政

ローマ市とその半径一〇〇マイル以内の郊外は、従来同様、首都長官《プラエフエクトウス・ウルビ》の管轄のもとに置かれている。首都長官は皇帝によって任命され、各種の監督官《クラトル》(1)や町役人《マギステル・ウイコルム》の補佐を受けており、皇帝が不在のときには、その権限は増大した。

（1）共和政時代、公職者に委ねられていた職務を担当する職位の総称で、道路監督官（クラトル・ウィアルム）、水道監督官（クラトル・アクアルム）などがあった。元老院議員に委ねられることが多い。

それ以外のイタリア半島の行政は四区に分けられ、執政官格の元老院議員に委ねられる。これら元老院議員は司法と行政の権限をもって巡回し、自治市の名望家と接触して帝権のため尽力する。このような役人が都市と中央権力のあいだに出現したことにともない、イタリア半島の行政は属州の行政に似る傾向があった。

広大な属州は、次のように区分されている。

――元老院が管轄する属州は一〇存在する。そのうちの二つの属州（属州アフリカと属州アシア）は執政官格の属州総督《プロコンスル》に委任され、これらの属州総督は三人の副官《レガトウス》に補佐される。それ以外の八つの属州は法務官格の属州総督《プロコンスル》（副官一人が補佐）に委任される（ナルボネンシス、バエティカ、サルディニア、シチリア、マケドニア、ビテュニア・エト・ポントゥス、キプロス、クレタ・エト・キュレナイカ）。

——皇帝が管轄する属州は二二ある。皇帝管轄属州総督《レガトゥス・アウグスティ・プロ・プラエトレ》の半数は、執政官格である（ブリタンニア、上部と下部ゲルマニア、タッラコネンシス、ダルマティア、上部パンノニア、上部と下部モエシア、カッパドキア、シリア、シリア・パレスティナ）。そのほかの属州には、法務官格の総督が任命される（ベルギカ、ルグドゥネンシス、アクィタニア、ルシタニア、下部パンノニア、ダキア（上部、下部、ポロリッセンシス〔ダキア最北部〕に分割されたが、その時期は不明）、トラキア、リュキア・エト・パンフュリア、ガラティア、キリキア、アラビア）。

属州総督の役割は、とくに司法機能にあった。巡回裁判《コンウエントウス》が頻繁に開かれることを考慮して、司法担当副官《レガティ・ユリディキ》が総督を補佐している。かつて悪しき総督を処罰できた属州の名望家の会議は、いまだ、巡回裁判、皇帝礼拝の儀式や競技の際に開かれているが、もはやその権限は大きくない。主として祝祭の企画や顕彰決議の起草など、文化面の役割を担うようになり、重要な事項は属州総督が決定する。

管理官《プロクラトル》が統治する属州もあった。あまり重要でない属州がそれで、騎士身分の者に委ねられた（ラエティア、ノリクム、アルペス・アトレクティアナエ・エト・ポエニナエ、アルペス・コッテエィアエ、アルペス・マリティマエ、ケルソネスス〔トルコの現ゲリボル半島〕、マウレタニア）。

エジプトはつねに別の統治方式のもとに置かれていた。そこでは「騎士身分の公職の階梯」の頂点に昇りつめた人物が皇帝を代表している。そして会計官《イディオロゴス》が、騒動を扇動することが多いさまざまな宗教に警戒の目を光らしている。会計官は皇帝の財産も管理し、皇帝金庫を監視する管理官《プロクラトル》たちに補佐されていた。

Ⅲ　都市の行政

都市は市民の集住によって形成された核から段階を経て生まれる。個人と同じように、都市もまさに序列を昇ってゆく。ハドリアヌスは、西方の都市であろうと、東方の都市であろうと、都市の発展に関心を払っていたが、ヒスパニアのイタリカ、イタリアのアエクラヌム〔ベネウェントゥム東南〕やフィルムム〔現フェルモ〕のように、自治（都市行政の自由）を放棄してまで植民市《コロニア》の資格（当時まだ権威があった）を得ようとする自治市《ムニキピウム》を非難する。西方では、地方当局——二人委員《ドゥウムウィル》と都市参事会員《デクリオ》——が比較的重要な位置を占めていると思われるが、特殊な肩書き（アシアルケス、ヘッレナルケス）が遺っていた東方では、地方当局は古い伝統（例・碑文の系統だった掲示）[1]の重要性に配慮しなければならない。ギリシアでも、ローマ市でも、ハドリアヌスはギリシア文明の普及に役立つ同盟（デルフォイの隣保同盟、全ギリシア同盟）を活性化しようとする。全ギリシア同盟《パンヘレニオン》が設立されたのは（一三一年）、歴史よりも文化に基づいた共同体に対する帰属意識が強かったからである。この機関は本部をアテナイに置き、ギリシア人同士の絆を強め、全加盟都市のギリシア文明が本物であることを保証するのを目的としていた。諸都市は代表を派遣し、定期的に全ギリシア祭《パンヘレニア》を開催する。誕生したばかりの都市のギリシア起源について諍いがあると、全ギリシア同盟が裁定をくだし、歴史の古さとかその序列にお墨付きを与える。そのため、ギリシア文明の発展に尽力したさまざまな出自の市民を顕彰するうえでおおいに貢献した。このような活動は、全ギリシア同盟が諸々の都市や属州アシア在住のギリシア人に宛てた書簡、派遣された使節に対する顕彰決議から判明している。

(1) 都市や個人が、ローマの官房や他の都市が発給した公文書をそのまま劇場などの建造物に碑文として刻み込んで「掲示」し、みずからの主張の正当性を証明しようとする慣行が存在した。アフロディシアスの劇場、ロディアポリスにあるオプラモスの墓所モニュメント、アエザニのアゴラに刻まれた碑文が有名である。

帝国の西方では、都市の制度が整備されており、植民市〔ローマが創建または拡大整備した都市で、全住民がローマ市民権をもつ〕、ローマ自治市〔非ローマ起源の都市で、全住民がローマ市民権をもつ〕、ラテン権自治市（非ローマ起源の都市で、大ラテン権（ラティウム・マイウス）が与えられ、都市参事会員のみがローマ市民権をもつ）の区分が存在した。それに反し、東方の状況はきわめて変化に富んでいる。自由市〔征服の過程でローマ側についたため、属州内で独立を容認されている都市〕もあれば、貨幣鋳造権（小アジアのキストフォロス貨幣〔八二頁参照〕）をもつ都市や創建もしくは再建された都市もある。「自由」（免税特権）が与えられた都市もあれば、名誉称号だけが与えられた都市もある。どの都市も碑文を掲示したり、立像を立てたりして、皇帝の施与行為を顕彰する。都市は独自の民兵組織をもっている。とくにギリシアで多いが、自治権をもっていると、隣接都市との対抗意識から過剰な支出をし、そのため財政難が生じ、特別監察官《コッレクトル》(1)または監督官《クラトル・レイ・プブリカエ》の介入を招いた。

(1) 自由市の財政を監察する公職者。トラヤヌス時代に設けられた。

地方における支出（食糧配給の監督、公共施設・道路の維持、共同浴場・スポーツ施設の管理）は、通常、公共奉仕制度《レイトゥルギア》(1)に基づいて負担されていた。しかし、支出が増大したため、地方のエリートはあまり負担しようとしなくなる。ガリアでギリシア文明の大義を擁護したソフィストのファウォリヌスの例を挙げることができよう。彼はハドリアヌスから故郷アレラテ（現アルル）のフラメン神官〔皇帝礼拝に与る神官〕への就任を要請されたが、哲学者に対する免除特権〔一二七頁参照〕に基づいて辞退を願い出たものの、認められなかった。

（1）貧富の差が激しく、累進課税のような富の再配分制度がなく、公的セイフティーネットもない古典古代の社会で、皇帝・元老院議員・都市参事会員といった素封家が公共事業・食糧供給・見世物興行などの支出を負担していた慣行。

一般的にいって、ハドリアヌスは属州出身者を育て、地方の利益を図ろうとしていた。だが、地方の慣習を尊重しながらも、権威主義的手法で介入することを躊躇しなかった。友人を都市参事会員に推挙したり、税金を免除したり、いくつかのギリシア都市では特殊な公職者（アシアルケス、ヘッラダルケス、属州クレタ・エト・キュレナイカのプロトコスモス）を定めている法律を改定したりした。地方の特殊性を尊重した個別の法律の例としては、アテナイにおけるオリーブ油の販売に関する法律〔アテナイの公職者として、その民主政の継続・保護にあたるハドリアヌスがとった恩恵的な措置〔無制限な輸出で品不足となることを防ごうとした措置〕を称える法律〕〔『ギリシア碑文集（IG）』二巻第二版一一〇〇〕、エレウシスにおける魚の販売に関する法律（小売価格引下げのため、ハドリアヌスが猟師に仲買人を通さないで魚を販売させた法律）〔IG二巻第二版一一〇三〕、ペルガモンの銀行法〔『東方出土ギリシア碑文選集（OGIS）』四八四〕、パルミラ関税法（パルミラ語〔アラム語の一方言〕とギリシア語で併記）〔OGIS、六二九〕を挙げることができる。最後の法律は、ハドリアヌスが自由市としたパルミラの評議会《ブレ》が定めた法律（以前の措置を補完する一三七年の法律）を刻写したものであり、この都市の税務当局は領内を通過する商品（奴隷、乾燥製品、緋色染料、香油、オリーブ油、獣脂、塩づけ食品、駄獣、家畜）に対する関税の徴収を公共事業請負人に請け負わせている。最も重要なのは、教師・売春婦・小売人については営業税、皮革・衣類・水・収穫物・駄獣については物品税が徴収されていたことだ。

Ⅳ　ハドリアヌスの視察旅行

ハドリアヌスが特異であったことの一つに、治世の半分近くをイタリア以外の地で過ごしたことが挙げられる。皇帝在任期間二一年のうち、ほぼ一〇年を属州の視察旅行に費やした。従来、皇帝たちの帝国内での移動は限られており、ネロのギリシア旅行（六六～六七年）を除くと、軍事上とくに必要な場合に限られていた。

ハドリアヌスの旅行はかなり簡素であった（ディオ・カッシウス、前掲書、六九、一〇、一）。同行したのは、サビナ、詩人ユリア・バルビッラ、L・ケイオニウス・コンモドゥス、アンティノウス、官房や元首顧問会のメンバー、それに近衛隊の分遣隊である。『皇帝略記』（一四、五～六）は、皇帝が多数の職人・建築家・測量士に囲まれていたと述べている。評議会《ブレ》入りを希望しているエフェソスのエラストスの立候補を支持して、皇帝がエフェソスの評議会に宛てた書簡（『ギリシア碑文集成（SIG）』八三八）によると、ハドリアヌスはこの船主の船を二度利用した。一回目はエフェソスからロドスへ行くとき、もう一回はエレウシスからロドスへ向かったときである。碑文によると、一役買って皇帝を歓待した地方の裕福な名望家としては、パルミラのマレス・アグリッパ（『ローマ関係のギリシア碑文（IGRR）』三、一〇五四）、リュキア地方ロディアポリスのオプラモアス（IGRR、三、七三九）を挙げることができる。

ハドリアヌスの視察旅行は、文学伝承・古銭学・碑文学・パピルス学・考古学に基づき復元されているが、皇帝が立ち寄った日時や場所を特定するのは、つねに容易なことではない。ハドリアヌスの善行を称える顕彰碑文があるからといって、そのすべてが必ずしも皇帝自身が訪問したことを証明するものではないからである。しかし、文献を正確に分析すると、次のような旅程を想定することができる。主としてH・ハルフマンの分析に基づき、R・サイムの指摘を考慮した結果である。

ハドリアヌスは、治世の第一年目を小アジアとドナウ川流域の属州で過ごした。それらの地で、トラヤヌスのパルティア戦争にともなう諸問題を処理した。すなわち、属州シリアの総督として滞在していたアンティオケイアからキリキア地方のセリヌスへ赴き、トラヤヌスに最後の別れを告げてからシリアへ戻る。そのあとモエシアとパンノニア方面へ向かい、ダキアと下部パンノニアにおける任務をQ・マルキウス・トゥルボに託して、自身は一一八年七月九日にローマへ帰還した。

1　第一回目の視察旅行（一二一年春／夏～一二五年夏）

ローマ市とイタリアで三年間過ごしたあと、第一回目の大視察旅行は一二一年四月／八月から一二五年夏までつづく。まず西方へ向かい、最初にガリアを訪れる。おそらく一二一年から一二二年にかけての冬は、ルグドゥヌム〔現リヨン〕で過ごしたのだろう。ついで上部ゲルマニア、ラエティア、ノリクムへ赴き、のちにブリタンニアで行なうのと同じように、防壁《リメス》の構築に全力を傾ける。ついでブリタンニアへ渡り、ここで防壁〔いわゆる「ハドリアヌスの長城」〕の構築をA・プラトリウス・ネポスに託す。この地では軍事行動も行なったにちがいない。一二二年秋、ガリアへ戻り、ネマウスス〔現ニーム〕で、プロティナ――存命中なのに――に捧げたバシリカを建立したはずである。ついでヒスパニアへ赴き、一二二年から一二三年にかけての冬はタッラコ〔現タラゴナ〕で過ごす。この地でアウグストゥス神殿を修復し、徴兵に関する紛争を解決した。一二三年の初め、パルティアの脅威が現実のものとなったので、シリアへ出発しなければならない。「ハドリアヌス伝」（一二、七）が言及しているマウリ族の暴動を鎮圧するには、皇帝がいなくてもよかったはずである。このとき、ハドリアヌスは、おそらくユーフラテス川の防壁《リメス》を訪れ、小アジアをトラペズス（現トラブゾン）まで縦断したと思われる。通常、この縦断は一三一年のことと考えられている。一二四年夏の初めには属州アシアに滞在していることがわかっているが、そこへ至るまでにたどった旅程はわからない。ポントゥス地方からビテュニア地方へは海路を使ったはずだ。おそらくニコメディアで越冬し、ニカエア〔現イズニック〕を経由して属州アシアに入ったのだろう。この旅行もしくは一二九年の旅行の際、属州アシアのどの都市を訪問したのかを特定することは必ずしも容易ではない。立ち寄ったにちがいない都市としては、キュジコス、いわゆるアイアスの墓参りをしたイリオン〔トロイア〕、アレクサンドレイア・トロアス（？）、ペルガモン、ストラトニケイア・ハドリアノポリスがある。ミュシア地方では、狩猟の思い出にハドリアヌテラエを創建した。確実とはいえないが、リュディア地方を通った可能性もある。スミュルナ、エリュトラエ、エフェソスを訪問したことは間違いなかろう。一二四年の九月から十月にかけてエフェソスからロドスを経由してギリシアへ向かう。遅くとも一二四年十月にはエレウシスに滞在しており、そこで密儀に宗教に入信する。一二四年から一二五年の冬はアテナイで過ごす。そのまえにペロポネソス半島を訪れたが、訪問先を特定するのは容易ではない（メガラ？　コリントス？　エピダウロス？　トロイゼン？　アルゴス地方？　マンティネイア？）。この旅行の際にスパルタを訪問したことは間違いない。一二五年の初め、ギリシアの中央部（テスピアイ？　カイロネイア？　コパイス湖？　フォキス地方〔カイロネイアの北方〕？　デルフォイ、テンペ谷〔ペネイオス川下流の渓谷〕？　エピクテトスが住んでいたニコポリス？　デュッラキウム？）にいた。一二五年の夏、ハドリアヌスはシチリア島に立ち寄って、そこでエトナ山に登頂したあと、ローマに帰還した。

2　第二回目の視察旅行（一一二八年夏～一一三二年または一一三三年末／一一三四年初頭（？））

三年後の一一二八年の夏、皇帝は二回目の大視察旅行に出立する。その前年（一一二七年三月初頭から八月初頭）にはイタリア北部を視察していた。シチリアとアフリカへ向けて出発し、アフリカでは、ランバエシス（七月一日）、ザライ（七月七日）、その他どこか不詳の地（十二～十三日）で軍隊を査察し、おそらくマウレタニアまで足を伸ばしたのだろう。短期間ローマに立ち寄ったあと、アテナイに向け出帆、そこで一一二八年から一一二九年にかけての冬を過ごし、大公共事業にかかりきりとなって、「オリュンピオス」という称号を贈られる。スパルタやエレウシスを訪ね、エレウシスでは最高の密儀《エポプテイア》に参加する。そこから船上の人となって、エフェソスへ赴き、ミレトスに滞在、カリア地方を旅してトラッレス経由、フリュギア地方のラオディケイアに着く。一一二九年七月二十三日にはアパメイアに滞在、ついでメリッサ〔南フリュギア地方、所在地不詳〕でアルキビアデス[1]の墓を訪ね、その地にこの偉人の立像を立て、年一回の犠牲式を定める。カッパドキア地方を通って、一一二九年秋、アンティオケイアに到着、そこで越年し、濃密な外交活動を展開する。一一三〇年初頭にはパルミラに滞在、ついでアラビアへ赴く。ゲラサでは、ハドリアヌスのために記念門が建造される。ユダヤを訪れ、イェルサレムの地にアエリア・カピトリナを創建する。ガザを訪ね、そのあとペルシオンでポンペイウス[2]の墓に参拝し、一一三〇年七月／八月、アレクサンドレイアを訪問したあと、ナイル川を遡航し、リビア砂漠でアンティノウスと狩りに興ずる。この愛人が水死したあと、一一三〇年十月三十日にアンティノオポリスを創建し、テバイまでナイル川を遡航、十一月十八日から二十一日にかけてはテバイで《メムノンの巨像》を訪れる。そのあとアレクサンドレイアへ戻り、一一三一年初頭にはエジプトを離れ、おそらく海岸沿いにトラキアまで行ったのだろう。確実に寄航したことが判明している港は、リュキア地方のファセリスだけである。おそらくエフェソスにも戻ったと思われる。一三一年の夏から秋のあいだに、トラキア、モエシア、ダキア、マケドニアを訪れた可能性はほとんどない。一三一年から一三二年にかけての冬は、アテナイに滞在する。皇帝として三度目の滞在である。アテナイではゼウス・オリュンペイオン神殿を奉献し、全ギリシア同盟《パンヘレニオン》を結成する。

（1）眉目秀麗、才気煥発であった前五世紀のアテナイの将軍・政治家。四一五年、シチリア遠征に指揮官として派遣されるが、故国においてヘルメス像破壊に関する瀆神のかどで召喚されたと聞くと、敵方のスパルタへ亡命。のちにアテナイの将軍に返り咲く。アテナイ海軍がヘレスポントス海峡でスパルタに敗れると、小アジアのビテュニア地方へ亡命。前四〇四年、スパルタの差し金により、同地で暗殺された。

（2）ポンペイウスは前四八年にファルサロスの戦いでカエサルに敗れたあと、再興を図るため、かつて同盟関係にあったエジプトを頼って船でペルシオンに到着するが、プトレマイオス十三世の家臣によって殺害された。

そのあとハドリアヌスがどこへ向かったのかは、ほとんどわからない。おそらく一三二年にはローマへ帰還したのだろう。しかしながら、皇帝はユダヤ戦争の作戦現場を訪れたはずである。そうならばまだ帝国の東部に滞在していたときのことになる。ハドリアヌスは戦争終結まで現地に留まらず、将軍たちを残し、一三三年末／一三四年初頭には、防衛体制視察のためパンノニアを経由して、ローマへ帰還したと思われる。一三四年、ユダヤに二回滞在するあいだにエジプトを訪れ、そのあとローマへ戻った可能性もある（S・フォレ「エジプトとユダヤでのハドリアヌス」『文献学誌』一九六八年、五四〜七七頁）。

3　視察旅行の目的

ハドリアヌスの巡察旅行には、さまざまな動機があった。確かに皇帝は観光に興味をもっていた。しかし、テルトゥリアヌスが『護教論』（五、七）で、皇帝がすべての点で珍奇なことを求めていると紹介し、力説しているように、皇帝はあらゆることに関心を有していた。それゆえ歴史や伝説上の名所を訪ね、アルキビアデスやポンペイウスの墓に参り、トロイア戦争の英雄の墓も訪れる。数年あとのことだが、パウサニアスは、二世紀に、どれほど「過去の歴史」に関心がもたれていたかについて良い例を示している。ハドリアヌスは、リビア砂漠でライオン狩りに興じ、一種の狩猟観光を楽しむ。詩人たちが詠ったテンペ谷のごとき景色を目の当たりにし、エトナ山頂からは日の出を見て感嘆するが（『ハドリアヌス伝』一三、三）、この場合、美的感動には宗教的戦慄が加わっていたのかもしれない。有名な聖地を訪問し、密儀宗教にも入信した。しかし、ハドリアヌスの旅行は宗教的情熱から行なわれたものではない。皇帝としてアテナイを三度訪問し、帝国の西部よりも東部を旅するのに多くの時間を費やしたとしても、ギリシア趣味ゆえにそうしたのではない。

ハドリアヌスの視察旅行は、ある程度まで彼の気質と関係があった――後継者のアントニヌスはイタリアを離れない――が、当時の知識人（たとえばアントニヌスの時代に『ローマ頌詩』を詠ったアエリウス・アリスティデス）が聞き、伝えていた、一世紀末と二世紀における空間の新しい認識を反映している。防壁《リメス》によって守られ、通信網が発達していたので、この広大な世界は、ギリシア・ローマ人がどこでもくつろいだ気持ちでいられる防御された世界であった。帝国は一つの世界として認識されていたのである。当時、地理学に対する関心は高かった。アッリアノスの『黒海大航海』やインドに関する描写がそれを示している。フロルスの『ティトゥス・リウィウス提要』やアッピアノスの『ローマ史』に地理に関する記述が多いこと、そして『フェニキア史』を書いたビュブロスのフィロンや『ビテュニア史』を書いたアッリアノスといった歴史家が、特定の地域に関心をもっていたこともそれを示している。

視察旅行は、とくに、ハドリアヌスの念頭にあった皇帝の職責の概念に根ざしているものであった。

それは権力を行使する特権的な方法である。皇帝が移動するのは、帝国の資源とニーズの把握、軍隊や防壁《リメス》の査察、属州行政の監督、臣民からの意見聴取、裁判の開廷、福祉向上を目的とする公共事業の決定のためであったが、みずからの姿を顕示することによって、この広大な帝国に強い一体感をもたらすためでもあった。かくして、ハドリアヌスの視察旅行を契機として、各地で自然発生的に皇帝礼拝が行なわれるようになった。東方いたるところで、ハドリアヌスは、単独で、または伝統的な神々なかの一柱の神と神殿をともにして、完全な神として崇められ、あるいはまた、伝統的な神々なかの一柱の神として祀られる。たとえば、「新しいディオニュソス」として祀られ、あるいは一二九年からは「オリュンピオス」という添名をつけられて、「ゼウス・オリュンペイオン」として祀られる。そしてアテナイのパンヘレニオン神殿[1]では、ゼウス・パンヘレニオス神の傍に祀られる。同様に、必ずしも視察旅行と関係があるわけではないが、皇帝礼拝が発展し、再編成されたことによって、王朝に安定がもたらされ、忠誠心が確固たるものとなり、ローマ化が強化される。その好例がA・シャスタニョルによって研究されたレンヌの碑文〔CIL、一三、三一四八～三一五二、『碑文学年報（AE）』一九六九～一九七〇年、四〇五aとb〕である。この碑文は、皇帝礼拝が地方の神マルス・ムッロ[2]の祭祀と融合され、女神ローマ、皇帝、皇妃、この王朝の神家《ドムス・デイウィナ》（ネルウァ帝、トラヤヌスの父、トラヤヌス）が礼拝の対象となっていたことを物語っている。

（1）全ギリシア会議の会議場でもあった。ゼウス・オリュンペイオン神殿の約一〇〇メートル南方にあったと考えられている。

（2）マルスと同一視されたケルトの神。この神の祭祀は、ガリア北部と北西部（とくにノルマンディー地方）とブリタンニアで普及していた。

ハドリアヌスの視察旅行や当時発行されたコインのシリーズは、皇帝の属州に対する関心が本物であったことを示している。ハドリアヌスが軍装の最高司令官《インペラトル》としてではなく、ほとんどの場合、市民服《トガ》を着けた元首《プリンケプス》（市民の第一人者）の姿で刻出された「御来臨《アドウエントウス》」タイプの鋳貨は、皇帝の各地訪問（アフリカ、アラビア、アシア、ビテュニア、ブリタンニア、キリキア、ガリア、ヒスパニア、イタリア、ユダヤ、マケドニア、マウレタニア、モエシア、ノリクム、フリュギア、シチリア、トラキア）を祝賀している。別の「再建者《レステイトウトル》」タイプのコインは、皇帝のまえに跪いた人物で表わされた帝国各地（アカイア、アフリカ、アラビア、アシア、ビテュニア、ガリア、ヒスパニア、イタリア、リビア、マケドニア、フリュギア、シチリア）を再建するハドリアヌスを表現している。その一方で、軍隊をテーマとする「軍隊《エクセルキトウス》」タイプの鋳貨は、最強の敵の危険にさらされている地域が恩恵を受けている防衛を強調している。治世末期の一三四／一三五年から一三七年にかけて、これに加わるのが、とくに属州をテーマとしたコインのシリーズである。興味深い事実は、イタリアが「御来臨《アドウエントウス》」や「再建者《レステイトウトル》」のシリーズにも登場することだ。これはイタリアを属州と同等に扱う傾向を示している。ちょうど、征服された部族が搾取されたあと、征服者とのあいだに一種のパートナーシップが形成されるかのようである。属州は特殊性をもつ文化の単位として表現されており、各属州は共通の成果に寄与すべきものとされる。どの属州も、帝国全体のなかで果たすべき役割、多様性のなかでの統一を実現するため皇帝が属州に与えた役割を担っている。このような国家の概念は、エピクテトスが説くストア哲学の犬儒学派の政治思想がもっている普遍主義と合致している。ここで重要なのは、普遍主義であり、人の住む世界《オイクメネ》と同一視される傾向がある帝国に限定された普遍主義である。

V　司法

皇帝は、司法のいくつかの領域（公法、私法、軍法、刑法）で、個人的に重要な役割を担っていた。これはのちに編纂された多くの法律集成によって周知の事実となっている。『勅法彙纂《コデックス・ユスティニアヌス》』(1)に出てくる最古のテクスト（六、二三、一）はハドリアヌスの法であり、一般的に使われていた勅答《レスクリプトゥム》(2)に基づいて法を解釈する権限を与えている。皇帝は一群の優秀な法学者の助言を受けており、法学者たちは法解釈を統一しようとしていた。注目すべきは、プロクルス派とサビヌス派(3)の長——それぞれL・ネラティウス・プリスクスとL・オクタウィウス・コルネリウス・P・サルウィウス・ユリアヌス・アエミリアヌス——がともに元老院議員で、常設の元首顧問会に名を連ねていることだ。サルウィウス・ユリアヌスは、元首財務官《クワエストル・プリンキピス》を務めたことがあり、のちに『永久告示録《エディクトゥム・ペルペトゥウム》』〔一三一年頃完成〕と呼ばれ、六世紀まで使われる法典を編纂する。この法典は法務官がかつて布告した法の基本的な規定——属州の総督や陪審員にとって重要な文書——を集成している。法律の専門家《プルデンテス》（ウォルシウス・マエキアヌスはその一人）の見解は、一致すれば尊重される。一致しない場合、元首顧問会が裁断をくだす。主として行なわれていたのは、法務官（市民担当、外人担当）や高等按察官が発した告示——おそらく属州総督の告示も含む——の法典化である。この法典化にともない、公職者〔法務官、按察官など〕が司法分野で主導権をとれなくなり、法律の効力をもつ元老院決議によって、新しい措置を採択することが禁止される。しかし、皇帝は演説《オラティオ》(4)によってイニシアチブをとることができた。

（1）ユスティニアヌス帝は法学者たちに従前の勅法を集大成させ、五二九年に公布・施行した。これが『旧勅法彙纂』である。五三四年に公布・施行された改定版は『勅法彙纂』と呼ばれ、伝存する。

（2）帝政前期、都市、団体または個人が陳情する場合、書簡で陳情し、皇帝が別の書簡で回答する方式と、書簡形式の陳情に対して皇帝がその陳情書の下端に返答を付記すること（スブスクリプティオという）によって回答する方式があった。両方式の回答を勅答と総称し、これも法源である。

（3）サビヌス派は、元老院の権威を尊重・擁護しようとする傾向があり、プロクルス派は、過去の矛盾を強調し、改めようとする傾向があったといわれる。

（4）元老院議員をまえに公職者によって読みあげられた皇帝のメッセージ。これが元老院決議で確認され、法源となる。

注意深く取り締まられたのは、幼児・競技・結社に関する犯罪である。違反を抑止するため（訴訟方式の改竄を抑止するための戦いでもあった）、ますます厳罰が科せられたが、重点は犯意の追求におかれ、善意であるかどうか〔法的効果が生じる一定の事実を知っていたかどうか〕が斟酌される。法を統合しようとする一般意思が道徳性と善行《ベニグニタス》を考慮していたことを否定できないが、哲学の諸学派（とくにストア哲学）の影響を受けた思想が浸透するにともない、形式主義よりも一般意志を考慮することが重要とされる。ハドリアヌスは、P・ユウェンティウス・ケルススやP・サルウィウス・ユリアヌスが提起した公正《アエクイタス》の原則に基づいて発想する。その例は多い。

――正当防衛の場合の殺人は、無罪。

――土地の境界石を移動した罪の裁判では、重罪犯（実行行為を知っていると見なされた者）は厳罰に処せられる。これは、裁判で下層民《フミリオレス》に対し上層民《オネスティオレス》よりも重い罪が科される傾向がある時代では、きわめて注目すべき事実である。

――親権に背く子供、ならびに被後見未成年者、母方の家族および無能力者《イン・マンキピオ》については、従来より情状が酌量される。

——財産移転や相続に関する規定が、民間人に対しても（母親の権利）、軍人の家族に対しても（除隊手当、非嫡出子と見なされた兵士の子供のケース）緩和され、遺贈と信託遺贈《フィデエイコンミッシウム》(1)、遺留分（第三者の保護）および借財の事実に基づく相続取消に関する措置が定められる。

——奴隷に対してもっと寛容であることが求められ、奴隷の人格が認められる。すなわち、主人が奴隷によって殺された家族が奴隷全員を殺害することは禁止されるし、手足を切断するとか、醜業に従事させる刑罰も禁止される。もっとも、奴隷の解放は増加するが、ローマ人と外人女性のあいだに生まれた子には市民権は与えられない。

（1）遺言人が、相手方に、自分の死亡後に特定の第三者に供与すべきことを委任して、財産の全部もしくは一部または特定の物を信託処分する遺贈の方式。

道徳に対する配慮はマナー向上に対する配慮に通じる。すなわち、朝方から公共浴場を利用することが禁止され、公共浴場では男女が分離され、騎士身分の者や元老院議員に対して市民服《トガ》の着用が義務づけられる。

付言しておきたいのは、従来よりも、裁判の決定が適切に公示され、法律関係の文書の保管が適切に行なわれるようになったことである。『学説彙纂《ディゲスタ》』(1)はハドリアヌス時代の偉大な法学者の見解を正当なものとして末永く認めさせることになった。

（1）ユスティニアヌス帝が共和政以来の法学者の学説を五〇巻に集大成させたもので、五三三年に公布・施行された。

VI　財政政策

一般的にいって、元首金庫《フィスクス》が国庫《アエラリウム》より優位を占める傾向が認められる。この政策は、ハドリアヌスが属州出身者を育て、地方の利益を図ろうとした政策と矛盾している。ハドリアヌス自身の矛盾に満ちた性格を反映しているかのようだ。すなわち、節約と事業開発の考慮、軍事費の削減、厳格な財政管理（二十分の一相続税（ウィケシマ・ヘレディタティウム）の事務所、戸口調査申告書受付事務所（アド・ケンスス・アッキピエンドス））、地方自治に潜在するリスクに対する国家管理の強化、資産と負債に関する法的解決、保証の実施と融資の改善による交易の促進、小作《コンドゥクトル》の段階的廃止（元老院議員を小作から排除）である。租税の徴収は、公共事業請負人《プブリカニ》に代わって請負人が担当することになり、関税は徐々に国家管理へ移行する。皇帝金庫の法律顧問《アドウオカトウス・フイスキ》は個人と、国庫または元首金庫との訴訟を仲裁する。一般的にいって、公的会計の利益が以前より保護され、都市や個人の利益が以前よりも保証された。

しかし、戦利品（たとえばダキアの金）が枯渇していたので、おそらく歳出過剰であった。負債の大帳簿を火にくべる情景を刻んだ帯状装飾《レリーフ》（フォルム・ロマヌムの元老院議事堂（クリア）に展示）が表現している皇帝金庫の債務者に対する負債の帳消し――滞納は一〇年ごとに見なおされることになっていた――、新任の皇帝に贈られる王冠税《アウルム・コロナリウム》[1]の免除（属州では一部免除、イタリアの植民市と自治市では全額免除）、個人や集団（例・アンティノオポリス）に対する特典の付与、数多くの競技（皇帝の誕生日やマティディア葬儀の際の競技、トラヤヌスを称えるパルティア競技など）の開催、豪華な公共事業の実施、これらすべてがインフレーションやある種の平価切下げをもたらし、悪貨への改鋳を招く。

（1）もともと将軍に提供された黄金の冠であるが、カエサルは、正式に凱旋が決定されたときしか要求できないことにした。元首政になると、凱旋の場合だけでなく、即位・誕生日・養子縁組など特別の機会に、皇帝が適宜地域社会に課す税金となり、マルクス・アウレリウス以降、正規の租税と化した。

注目すべきは、東方では青銅貨がいくつか生き残り、アテナイではキストフォロス銀貨〔ヘレニズム時代のペルガモンの銀貨〕が残っていたことである。エジプトでは、経済が好調であったため貨幣の鋳造が増えたが、その四ドラクマ貨幣はエジプト以外では通用しなかった。

VII　外交政策

トラヤヌスの治世は、一時的であるとはいえ、帝国の絶頂期に達した。トラヤヌス自身、開始または計画していた遠征を断念していたにちがいない。ハドリアヌスは属州メソポタミアを放棄する。アウグストゥスやティベリウスの和平路線にのっとり、パルティアとは戦争よりも交渉をよしとし、アルメニア王ウォロゲススを支援することによって、みずからの政権と均衡を保ちながら、パルティア王コスロエスと二度会見することを躊躇《ためら》わなかった（一二三年と一二九年）。アルメニア王はカウカスス王やボスフォルス王と協定を結び、アラニ族と戦った。従属部族あるいは従属王という庇護関係《クリエンテラ》の制度が問題となる。従属部族や従属王は補助軍〔八四頁注（1）参照〕を提供していた。ハドリアヌスは補助金政策によって、これらの王たちをローマにつなぎとめておこうとする。周辺諸国と帝国（ローマ滞在中または視察旅行中のハドリアヌス）のあいだでは、使節の交換が活発である。バクトリアからも使節が訪れる。ハドリアヌスはオスドロエネ王国〔首都エデッサ〕を建国したし、黒海東方のイベリア族の王を支援したりした。ロコラニ族〔サルマタエ族の一支族〕の王を退位させ、ハウラン地方やユーフラテス川の部族ならびにマウレタニアのバクアテス族と協定を締結した。パルミラは、前述した関税法の内容から判断するかぎり、ほぼ保護領であったと思われる。

1　軍隊

トラヤヌスが征服を主体として統治したあと、帝国はハドリアヌスによって和平路線に基づいて再編成された。ハドリアヌスは軍務経験がきわめて豊富であったので、軍事で可能なことを甘く見てはいなかった。トラヤヌス自身も、すでに撤退しはじめていた。軍事や行政の資源不足を考慮し、アルメニアは放棄される。アッシリアとメソポタミアはパルティア王国に返還されたが、アラビアはシリアと関係があるので保持された。予算上の制約も考慮しておく必要があろう（征服の完了とともに戦利品も尽きていた）。

軍人の定員、徴募、雇用、個人的状況については、いくつかの重要な変化が見られる。

ハドリアヌス治世の末期、軍団数は三〇から二八に減らされ（第九軍団ヒスパニアと第二十二軍団ディオタルスの廃止）、つぎのとおり配置されている。ブリタンニア島に三軍団、下部ゲルマニアに二軍団、上部ゲルマニアに二軍団、上部パンノニアに三軍団、下部パンノニアに一軍団、上部ダキアに一軍団、上部モエシアに一軍団、下部モエシアに三軍団、カッパドキアに一軍団、シリアに三軍団、パレスティナに二軍団、アラビアに一軍団、エジプトに一軍団、アフリカに一軍団、ヒスパニアに一軍団となっている。軍団は隣接する元老院管轄属州に対して分遣隊《ウエクシツラティオ》を提供し、治安の確保にあたる。管理官《プロクラトル》が統治する属州には、補助軍(1)しか配置されておらず、しかも補助軍は軍団を支援している。

（1）ローマ市民以外から徴募された、軍団を補助する軍隊。騎兵隊（アラ）と歩兵隊（コルホス）からなる。共和政時代からあり、アウグストゥス時代は一三万人、二世紀には二二万人程度いた。補助軍兵士は、俸給が軍団兵士の三分の二以下であるが、満期除隊すると、ローマ市民権を得た。

ローマに駐屯している部隊は、近衛隊《コホルス・プラエトリア》一〇隊、首都警備隊《コホルス・ウルバナ》三隊、夜警消防隊《コホルス・ウイギルム》七隊、それにゲルマン人の親衛隊と皇帝身辺警護騎兵《エクイテス・シングラレス》である。

徴兵は地域ごとに実施される傾向があった——とくにアフリカの場合がそうだ。市民権を拡大する政策を予想して、部隊が駐屯している地方の属州人を徴募する。その結果、徴兵しやすくなり、兵員・物資・食糧の輸送費を削減できたため、予算が軽減できた。

軍団では、ますますイタリア人が減り（アウグストゥス時代の約六一パーセントに対し、約一パーセント）、ヒスパニア人やガリア人が多数入隊する。兵士には、法律上、満期除隊後しか通婚権《コヌビウム》（正式に結婚をする権利）が与えられないから、原則として非嫡出子である兵士の子供も徴募しなければならない。これら兵営で生まれた者《エクス・カストリス》は、父親の除隊後にローマ市民となる。採用が容易で、安あがりの補助軍兵士が新たに徴募されはじめる。

しかし、ハドリアヌスは軍隊幹部の資質には配慮していた。百人隊長は、原則として、イタリア人（ポー川以北の）か、ローマ化されて久しい西方属州の出身者である。

軍隊には新しい部隊が出現する。トラヤヌス時代から始まり、ハドリアヌスが制度化した「非正規部隊《ヌメリ》」である。民族の特徴、言語、武器、指揮官がもとのまま維持された従属国出身の部隊で、騎馬弓兵、装甲騎兵《カタクラフタリイ》、砂漠地方のメハリ騎兵《ドロメダリイ》〔ヒトコブラクダに乗った騎兵〕がいた。ハドリアヌスがとくに関心をもっていたのは、大規模で迅速な行動ができる騎兵による機動作戦（歩兵密集方陣戦術）と都市攻略作戦である。

軍隊全体の規模を算定することは難しい。軍団兵士の数は三一・五万人から三〇万人のあいだであり、それに補助軍兵士が加わる。

軍隊の使命はいくつかある。国境防衛、警備活動（警察隊（フルメンタリイ））、司法・行政機能、公共工事の施工（水道・道路の建設）である。軍人はつねにローマ化推進の重要な担い手であった。

軍人の個人的状況に触れておくと、勤務年数は減少傾向にある。ローマ市民の軍団兵士は、首都警備隊と同じように、勤務年数が二〇年＋αである。首都警備隊の隊員は、三年間勤務すれば、近衛隊へ移籍できる。除隊すれば市民権が与えられる補助軍兵士および皇帝身辺警護騎兵の勤務年数は二五年である。

兵士には、俸給以外に、賜金《ドナティウム》やさまざまな特別手当が支給される。私法上、新しい特権も与えられる。すなわち、兵士は遺贈することができ、妻の相続財産を受けとることもできる。非嫡出子と見なされている兵士の子供も相続することができる。兵士の妻も同じである。自発的に勤務地に定住し、都市の中核となりうる退役兵に対しては、いくつかの恩典が与えられた。

防衛主体の政策であっても、軍規に弛みがあってはならない。ハドリアヌスは、みずから軍人として素晴らしい経歴をもち、身体《からだ》を張って率先垂範していたので、フロントの主張とは異なるが、士官の昇進、資材調達・物資補給、訓練、軍規に関心を払っていた。コインの銘とか碑文には、「軍規《ディスキプリナ》」が神として崇められている。

ある一次史料（残念ながらその一部分は欠落）が、この政策を例証している。それはハドリアヌスによるランバエシス司令部の視察（一二八年七月一～十二／十三日）を記念した碑文〔ＩＬＳ、二四八七と九一三三～五〕である。ランバエシスには軍団駐屯地の司令部《プリンキピア》が置かれており、訓練基地が設けられていた。この碑文には、各種部隊に対して発せられた演説のテクストがいくつか刻まれている。これは軍事訓練（さまざまな仮定に基づいた戦闘のシミュレーション、そのなかには騎兵戦、防壁の建設なども含む）の批判的な報告書である。軍団のメンバーは全員そろってはいなかったが（東方の属州への分遣隊の派遣、アフリカ属州総督のもとへの派遣、前線基地での駐屯）、ハドリアヌスは全般的に満足の意を表明した。のちに、当地に駐屯していた第三軍団アウグストゥスの司令官〔Q・ファビウス・カトゥッリヌス〕は正規執政官に任命される〔一三〇年〕。皇帝の「査察日程」を刻んだこの記念碑の建立は、この巡察の特異な性格を物語っている。このテクストが軍隊内で回覧されたことは間違いないし、このほかにも、この種の査察が行なわれたにちがいない。おそらくパンノニア属州でも行なわれたことだろう。バタヴィア族出身の騎兵はハドリアヌスの眼前でドナウ川を泳ぎ渡った（ILS、二五五八、間違って皇帝作とされた詩）。

2　防壁

ハドリアヌスは防壁《リメス》の構築によって帝国の防衛政策を推進する。堡塁からなる連続した防衛線の構築は、防衛主体の政策を具体化しており、帝国全体を「防壁《リメス》で囲まれた都市」（アエリウス・アリスティデス）にしている。その地理的状況をざっと俯瞰してみよう。

ブリタンニアの場合、ハドリアヌスは、一二一年から一二二年にかけて、下部ゲルマニアの属州総督A・プラトリウス・ネポスをともなって、この島に滞在した。ネポスはのちにブリタンニアの属州総督に任命され、多数の部隊を任される。配下の三軍団は、イスカ（現エクセター）の第二軍団アウグストゥス、デウァ（現チェスター）の第二十軍団ワレリウス勝利《ウイクトリクス》、エブラクム（現ヨーク）の第六軍団勝利《ウイクトリクス》である。ハドリアヌスの防壁《リメス》は、ソルウェイ湾からタイン川河口まで延長一一七キロメートルに及んでおり、帰順していない蛮族の支配下にあって、経済的利益がないと考えられていたブリタンニア島北部とローマ化された地域を分離していた。防壁は徐々に全体が「補強」されてゆき、大部分が石材で構築されて、芝生地帯を含めると、その幅は一二〇フィートに及ぶ。通常、横断できるのは、砦がある地点だけである。防壁《リメス》はつぎのように構築されている。

——外側に、V字型をした幅三〇フィート、深さ九フィートの壕。

——幅員六〜二〇フィートの小径。

——幅八ないし一〇フィートの扶壁《パラペット》に支えられた高さ二〇フィートの壁体。

——南側に、深さ一〇フィート、幅二〇フィートの平底の壕（底面の幅は九フィート）。その両側に一八フィートの盛り土をした土塁が二本築かれており、壕に並行して、軍隊の迅速な移動を可能にする軍用道路と耕地として使える高台が設けられている。地形に応じて施設は変更される。

防壁《リメス》には、補助軍の砦一六基が点在しており、これらの砦は一マイルごとに防壁の南に接する八〇基の小さい砦で結ばれていて、その中間地点に監視塔が設けられている。軍団が駐屯しているのは、防壁の内側である。防壁の北側には、前線基地として、一六基の小さな砦と三基の監視塔が設けられている。司令部はスタンヴィックス〔現カーライル近郊〕の騎兵隊《アラ》ペトリアナの駐屯地に置かれていた。基地の名称は《アミアンの杯《パテラ》》〔AE、一九五〇年、五六〕によって判明しているが、そのいくつかの名称は疑わしいとされている。この防壁は何度も手直しされ、有用であった。事実、軍団撤退後の三九五年でも、まだ使用されていたからである。

ゲルマニアには、四軍団が駐屯し、新たに補助軍が割りあてられており、新しい砦がマイン川上流の渓谷を遮断している。石壁・壕・塔で構築された防壁《リメス》がウィンクスト川〔バート・ブライシィヒ近郊〕からカンシュタット〔シュトゥットガルト近郊〕まで三二〇キロメートルつづく。「非正規部隊《ヌメリ》」が駐屯する小さい砦が点々と配置されることによって、防壁は堅固になっている。砦《カステッラ》は当初材木か土で建造されていたが、しだいに石材で再構築された。

属州ラエティアでも状況は同じであり、防壁は全長一七五キロメートルに及ぶ。前哨が配置され、脇に道路が通っている防壁には軍隊が配備されている。ハドリアヌス治世末期になると、防衛線はタウヌス山地〔在・フランクフルト北方〕からレーゲンスブルクまで切れ目なくつづく。防柵は略奪者の撃退、通商の監視、交易の振興、市民生活の活性化に有効であることが判明した。

ダキアにも防壁《リメス》が設けられた地域がある。ハドリアヌスは、蛮族がトラヤヌスによって構築されたドナウ川の橋頭堡を突破してモエシアへ進入してくるのを懸念し、この橋の木造の上部構造物を破壊させた。ユーフラテス川やダマスカス地域でも（一九二〇～一九三〇年代以来、R・P・ポワディバールが観察し、航空写真を撮った防壁）、北部アフリカでも（前世界大戦のあと、J・バラデ大佐によって空からと地上で発見されたアフリカ壕《リメス》（フォッサトゥム・アフリカエ））、防壁が構築された。

防壁は、軍団による防衛や、「蛮族」とギリシア・ローマ文明間の精神的障壁の設定という役割のほかに、国境地帯の経済を振興し、ローマ化を推進する役割も果たしていた。このようにして哨戒を任務とする補助軍（騎兵隊と歩兵隊から構成されており、多くは地元の部隊か、他の国境地帯からきた部隊）が防衛している、治安のよい国境沿いの地域で経済が発展し、平和が追求された。軍団は戦略的予備軍であり、軍団が介入するのはまさに軍事作戦を行なうときだけである。

白水　図書案内

No.775／2010-3月　平成22年3月1日発行

白水社 101-0052 東京都千代田区神田小川町3-24／振替 00190-5-33228／tel. 03-3291-7811
http://www.hakusuisha.co.jp ●表示価格には5%の消費税が加算されています。

スターリン　赤い皇帝と廷臣たち（上・下）

S・S・モンテフィオーリ
染谷 徹訳■㊤4410円㊦4830円

「人間スターリン」を最新史料から描いた画期的な伝記。独裁の確立から最期まで、親族、女性、同志、敵の群像を通して、その実像に迫る労作。亀山郁夫氏推薦！《英国文学賞》受賞作品。

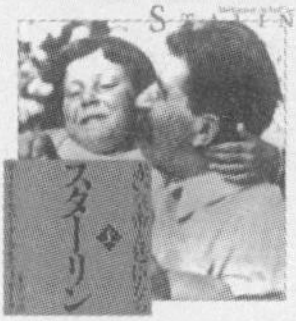

戦場からスクープ！　戦争報道に生きた三十年

マーティン・フレッチャー
北代美和子訳■2730円

地雷で殉職した同僚や餓死する子供、自爆テロの現場を目の前に、逡巡しつつもカメラを回し続けたテレビ報道記者。中東戦争からパレスチナ紛争まで、戦場を駆け抜けた男の30年の手記。

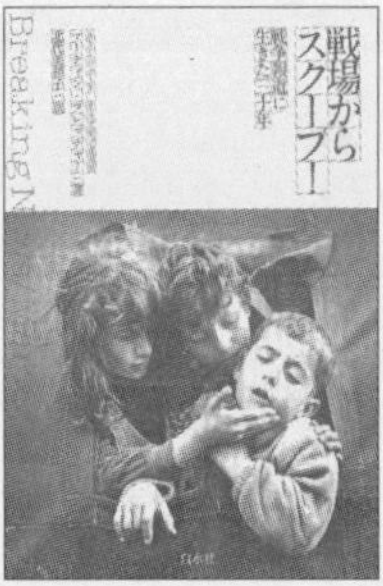

メールマガジン『月刊白水社』配信中

登録手続きは小社ホームページ http://www.hakusuisha.co.jp の
登録フォームでお願いします。

新刊情報やトピックスから、著者・編集者の言葉、さまざまな読み物まで、白水社の本に興味をお持ちの方には必ず役立つ楽しい情報をお届けします。（「まぐまぐ」の配信システムを使った無料のメールマガジンです。）

エクス・リブリス・クラシックス

火山の下

マルカム・ラウリー［斎藤兆史／監訳］

一九三八年十一月の〈死者の日〉。故郷から遠く離れたメキシコの地で、酒に溺れていく元英国領事の悲喜劇的な一日を、美しくも破滅的な迫真の筆致で描く。二十世紀の傑作、待望の新訳。（3月下旬刊）四六判■3150円

ベイツ教授の受難

デイヴィッド・ロッジ［高儀 進／訳］

言語学の元教授ベイツは、難聴のため、妻や耳の遠い父親とも話がかみ合わない……。ベイツは女学生から甘い誘惑を受けるが、その顛末は？ ロッジ節が炸裂する、笑いと涙の感動作！（3月下旬刊）四六判■2940円

エクス・リブリス

煙の樹

デニス・ジョンソン［藤井 光／訳］

ベトナム戦争下、元米軍大佐サンズとその甥スキップによる情報作戦の成否は？『ジーザス・サン』の作家が到達した、「戦争と人間」の極限。《全米図書賞》受賞、NY

新刊

韓国古典文学の愉しみ（上）

春香伝 沈清伝 ［仲村 修／編 オリニ翻訳会／訳］

身分差別の中で貫かれる純愛の物語「春香伝」、貧困の中で孝を尽くす女性の数奇な運命の物語「沈清伝」。青少年向けの古典シリーズから、凛として生きる女性が主人公の二作を訳出。（3月中旬刊）四六判■2310円

韓国古典文学の愉しみ（下）

洪吉童伝 両班伝ほか ［仲村 修／編 オリニ翻訳会／訳］

義賊の物語として知られる冒険活劇「洪吉童伝」と支配層両班の虚実、諷刺を織り交ぜた「両班伝」ほか短編を収録。義を求める一方で俗情に流される人間の普遍的な姿が描き出される。（3月中旬刊）四六判■2310円

薔薇とサムライ

中島かずき

劇団☆新感線、30周年記念作品！ 石川五右衛門と美貌の女海賊が、ヨーロッパを舞台に国家の権力者の悪事を暴く――。古田新太・天海祐希の主演を得て、

聞いて読む初版グリム童話 ドイツ語朗読CD 付

吉原高志・吉原素子編著

グリム兄弟が何度も手を入れてきたグリム童話。その書き換えられる前の
初版〉をドイツ語で味わってみませんか。「白雪姫」など 7 編を収録。各
にはドイツ語対訳と解説が付く。 （3 月下旬刊）四六判■ 2310 円

ペイン語検定対策5級・6級問題集（CD付）

清一編著

問を掲載した問題集。出題形式にそった練習問題で効率的に学べ、
で 5 級の聞き取り対策も万全です。各級 2 回の模擬試験と過去に出題
た単語集つき。この一冊で西検突破！ （3 月上旬刊）A5判■1995円

ランス語発音トレーニング（CD付）

子・山根祐佳

ンス語らしい発音のためには日本語とは異なるテクニックが必要で
とあごのストレッチから始め、ステップをふみながらコツを徹底伝
学でもかならず上達します！

A5判■2310円

ーエクスプレス 上海語（CD付）

雎・范暁

・わかりやすい・使いやすい！ 会話から文法へ――はじめての
決定版。2010 年万博の舞台として、世界中の注目を集める上海。
の響きを味わってみませんか。 （3 月下旬刊）A5 判■ 2940 円

ーエクスプレス カタルーニャ語（CD付）

わかりやすい・使いやすい！ 会話から文法へ――はじめての
定版。ガウディの建築、バルサのサッカー、バルでの会話……
の心に触れたいあなたへ！ （3 月下旬刊）A5 判■ 3150 円

ンス語・フランス語圏文化をお伝えする唯一の総合月刊誌

らんす

号（3／22頃刊） CD付
価1000円
ンス語、挑戦の春!」

野崎歓×C. カンタン〈特別対談〉「日仏交流、これからがおもしろい」、野村昌代「スキから始めるフランス語読書」、戸口民也「差のつく参考書選び」、大久保政憲「ネット学習、フランス語」、西川葉澄「池田課長、はじめてのホームステイ」、各種試験・留学情報・学校リストほか。

大学教授のように小説を読む方法

トーマス・C・フォスター
矢倉尚子訳 ■2940 円

シェイクスピアの引用？ 聖書の引喩？ ギリシア・ローマ神話の借用？ 英米文学に見られるさまざまな「象徴」や「パターン」を楽しく読み解く、アメリカでロングセラーの解説書。

フランク・ロイド・ライトの現代建築講義

山形浩生訳 ■3150円

アメリカの大建築家による幻の講演が、待望の完訳！ 6つの連続講座で、建築デザインから都市のあり方までのすべてを語る。ル・コルビュジエとの対決をしるす、記念碑的な建築論。

東欧革命1989 ソ連帝国の崩壊

ヴィクター・セベスチェン
三浦元博・山崎博康訳 ■4200円

ベルリンの壁崩壊から 20 年……ソ連帝国の落日と冷戦終結の真実を明かす。ワレサの連帯、ビロード革命、チャウシェスクの最期まで、東欧 6 カ国が徐々に決壊していく緊迫のドキュメント！

青い野を歩く 【エクス・リブリス】

■2310円

クレア・キーガン［岩本正恵／訳］

名もなき人びとの恋愛、不倫、小さな決断を描いた世界は、「アイリッシュ・バラッド」の味わいと、哀しみ、ユーモアが漂う。アイルランドの新世代による、傑作短篇集。小池昌代氏推薦！

36年にわたり延べ370余にのぼ……委員を務め、比類なき読み込みの深さで新人を世……し、中堅をさらなる飛躍へと導いてきた現代の文豪が築き上げる一大金字塔。

四六判■6090円

エンジョイ・アワー・フリータイム

岡田利規

わたしたちのチェルフィッチュがきりひらく、超リアル日本語演劇の新境地！「ホットペッパー、クーラー、そしてお別れの挨拶」「フリータイム」「エンジョイ」を収録したベスト作品集。

四六判■1995円

白水Uブックス

孤独と人生

アルトゥール・ショーペンハウアー［金森誠也／訳］

「いっさいの生は苦しみである」とみなしつつも、苦悩に満ちた生を快くすごす方策を説いた、ショーペンハウアーの幸福論。自身の哲学を現実の日常生活の中に具体的に応用した一冊。（4月上旬刊）

新書判■1470円

白水Uブックス

存在と苦悩

アルトゥール・ショーペンハウアー［金森誠也／編訳］

主著『意志と表象としての世界』などから、有名な「音楽の形而上学」を中心に、認識論・人生論・道徳論・芸術論等を抽出編集した。ショーペンハウアー入門にふさわしい一冊。（3月中旬刊）

新書判■1365円

白水Uブックス

中世への旅 騎士と城

ハインリヒ・プレティヒャ［平尾浩三／訳］

城での生活、食物と衣服、日々の仕事と娯楽、合戦と攻城、十字軍遠征など、騎士文化最盛期のヨーロッパの騎士たちの日常生活を、豊富なエピソードを交えながら生き生きと描きだす。

新書判■1365円

945

ハドリアヌス帝 文人皇帝の生涯とその時代

レモン・シュヴァリエほか［北野 徹／訳］

ローマ帝国五賢帝の三番目、ハドリアヌス帝は、政治・法律・文化などのあらゆる面で帝国の統合をすすめた。その業績と人物像を、史料にもとづいて解説する。地図・系図・年表も充実。（3月中旬刊）

新書判■1103円

好評既刊

現代中国女工哀史

レスリー・T・チャン［栗原 泉／訳］

出稼ぎを、農村からの脱出と豊かな生活へのチャンスととらえ、逆境にもめげず、たくましく生きる若い女性労働者たちの姿を描いた傑作ルポ。［解説］伊藤正（産経新聞中国総局長）

四六判■2940円

茶の世界史 中国の霊薬から世界の飲み物へ

ビアトリス・ホーネガー［平田紀之／訳］

緑茶、紅茶、烏龍茶など、さまざまな茶が作り出してきた豊かな文化。日本人にとってもっとも親しい飲み物の歴史を豊富な資料をもとにアジアとヨーロッパの交流という観点から描く。

四六判■3150円

カラヴァッジョ 灼熱の生涯（新装版）

デズモンド・スアード［石鍋真澄・石鍋真理子／訳］

教皇の肖像画家でありながら、殺人を犯し逃亡生活を余儀なくされた16世紀イタリアの巨匠カラヴァッジョ。その波瀾万丈の人生を史料と研究をもとに描き、天才画家の人間像に迫る。

四六判■3360円

漱石の『猫』とニーチェ

稀代の哲学者に震撼した近代日本の知性たち

杉田弘子

ニーチェ思想が近代日本の知識人に与えた衝撃を鮮やかに描く労作。「近代」に直面した樗牛、漱石、新渡戸、和辻哲郎、朔太郎、芥川らの苦悩と自己救済の格闘の様が浮き彫りにされる。

四六判■3360円

文庫クセジュ

944

哲学

アンドレ・コント＝スポンヴィル［小須田健ほか／訳］

フランスで人気の哲学者、コント＝スポンヴィルならではの指摘がちりばめられた入門書。哲学とは何か、歴史を通じてどのように展開してきたか、各分野における主な潮流についてを語る。

新書判■1103円

3　海軍

M・レデの推定によると、海軍は三段櫂船二五〇隻の能力を有していた（水兵は五〜六万人、うち一万人がミセヌム駐留）。ミセヌム（現ミセーノ）とラウェンナ（現ラヴェンナ）の大海軍基地のほかに、二次的な小艦隊が、とくに、アレクサンドレイア、ブリタンニア、ゲルマニア、パンノニア、ポントゥスの大河沿いに配備されており、状況に応じて柔軟に変更される。艦隊の使命は多岐にわたる。必要とされれば、沿岸で戦闘と防衛の任にあたるが、通常の使命は、海上での警察活動、軍隊に対する兵站業務、さまざまな公的業務（公式旅行の輸送業務。しかし、皇帝は艦隊を意のままに使えない）、経済に関する任務（通商の監視）、円形闘技場での作業（天幕（ウエルム）の操作）である。上級士官――長官《プラエフェクトゥス》や副官《スブプラエフェクトゥス》――は騎士身分のローマ人、下級士官はイタリア人のことが多く、乗組員は入隊によって名目上市民権が与えられた解放奴隷か、小アジア、トラキア、ダルマティア、パンノニア出身の外人である。彼らは、二六年間勤務すれば、補助軍兵士として満期除隊《ユスタ・ミッシオ》の証書をもらい、本人には通婚権《コヌビウム》とローマ市民権、家族にはローマ市民権が与えられた。

4　軍事作戦、ユダヤ戦争

暴動が発生した場合の警察活動（一一七年と一二二〜一二三年のマウレタニア、ブリタンニアやドナウ川流域での騒擾、一一八年のロクソラニ族の蜂起、エジプト、リビア、パレスティナでの各種暴動）、パルティアやアラニ族に対する治安活動のほか、マウリ族、ブリガンテス族〔在・ブリタンニア〕、ユダヤ人に対しては、まさに遠征を余儀なくされた。

キュレナイカにおけるユダヤ人の反乱は、一一六年にはすでに鎮圧されていた。一一九年には、エジプトでユダヤ人とギリシア人が衝突した。イェルサレムで新しい都市の建設を計画し、割礼を禁止したことにともない、一三二年、ユダヤ教大祭司エレアザルと軍事指揮官バル・コホバ率いる宗教的反乱が勃発する。四年ほど過酷な戦争がつづく。シリア、アラビア、エジプトから派遣された軍団やドナウ川流域で徴募された兵士は、艦隊の支援を受け、ブリタンニアの属州総督Sex・ユリウス・セウェルスの指揮下に置かれた。おそらく、ハドリアヌスは現地を訪ね（一三三〜一三四年）、最高指揮官《インペラトル》の歓呼を受けたのだろう。それが証拠に、総司令官ユリウス・セウェルスには凱旋将軍顕彰《オルナメンタ・トリウンファリア》の栄誉が与えられた。

ユダヤ教は一神教であるにもかかわらず黙認され、迫害されていなかったが、今回の弾圧は苛酷であった。大量殺戮、奴隷化、土地の没収が行なわれ、人頭税が課された。多数のユダヤ人が他の地へ移住する。ユダヤ教は約束された土地から切り離され、あるいはガリラヤで、あるいは離散のなかで再編成される。イェルサレム訪問は、料金を支払うと許可される年一度（八月九日）の訪問を除いて禁止される。イェルサレムは退役兵の植民市アエリア・カピトリナとなり、属州シリア・パレスティナ（執政官格の皇帝管轄属州）の首都となる。ユダヤという名称そのものが消滅したのである。この地は砂漠と化し、ふたたび入植を行なわなければならない。新しい都市には、美しい記念建造物、すなわち神殿（カピトリヌスの三柱の神に捧げた神殿、ウェヌス神殿など）、記念門、共同浴場、劇場、円形闘技場が建てられた。

総体的にいって、防壁《リメス》の構築による和平政策の追求は、緊急の場合を除き、経費のかかる移動を減らせるので、一定期間、成果をもたらすが、のちに不都合が生じる。すなわち、危機対応力の「柔軟性」の減少、戦闘能力の低下、皇帝権力そのものを危機に陥れるような地方の司令官の野心が膨らむ危険、防壁により属州が外側の世界と遮断されて防壁外の異民族の蛮族化が進み、民族の覚醒が進行すること、そして非武装化された防壁の内側にある属州が、防壁が崩れるや、ただちに脅威に曝されることである。

第四章　社会、経済、ローマ世界の展望

I　社会

1　社会階層

ローマ社会は個人が所有する財産の額を基準として組織された階層社会である。奴隷の状況は改善されていいた。征服の中断と奴隷の解放にともなって奴隷は減少する傾向にあり、新しい人道主義的な思想の恩恵に浴する。

社会的上昇という大きな流れによって社会は活性化し、解放奴隷の家族も社会階層を昇ることができる。解放奴隷の子ラルキウス・マケドの場合がそれだ。彼の同名の子はハドリアヌス治世下で補充執政官〔一二三年〕に就く。フラウィウス朝以降、属州の新しい血が注入されたが、そのずっとまえから個人主義の拡大によって伝統的家族は次第に蝕まれていた。

2　組合

ハドリアヌス治世下では、この形の社会の再編成が進む。組合《コツレギア》は個人の発意によって設立されるが、

一般法に基づいているので、文化的性格をもっているが、いまや別の目的も追求できる。職業的色彩をもつことも可能なので、そのため、いくつかの職業組合（たとえば河川水運業者の組合）の結成が促され、これらの組合は仕事の仕方や料金を維持しようとする。退役軍人や青年の組合もつくられ、これら組合は体育場、レスリング場その他の建物や地所を所有することができる。関係者は公的な費用を負担することもできる。社会が「家父長的支配」の環境下にあったので、組合には奴隷の加入も認められた。このようにして新しい形の保護者《パトロヌス》と庇護民《クリエンス》が生まれる。組合役員の権限――地方都市の組織の引き写し――が増大し、組合には守護神が求められる。

興味あるのは、ディアナ〔アルテミス〕とアンティノウスの礼拝者《クルトレス》たちがとくに葬儀を目的として結成したラヌウィウムの組合の事例（ILS、七二一二、一三六年）である。この碑文から、組合の設立（別の同種の組合では、解散）や会合の状況（会費支払いのため月一回開催）、饗宴の運営方法（良い身なりをすべきこと）、幹事の選挙や交替に関する取り決めなどがわかっている。

3　救貧制度

もう一つ、社会と関係があるのがアリメンタ制度(1)である。この救貧制度を考案したのは、ネルウァ帝、ついでトラヤヌス、さらにコムム（現コモ）の小プリニウスのような私人である。この制度は、「ウェレイアの表」や「バエビアニ・リグレスの表」(2)によって知られている。ベネウェントゥム〔現ベネヴェント〕の記念門の図像が強調しているように、この制度の目的は、要するに、イタリアの出生率を高め、徴兵を容易にすることにあった。大土地所有者に対する貸付金は、貸付金額の一〇倍に相当する担保によって保証されている。貸付金は開発投資ができるほど高額でなく、少額の借財を返済する程度の額である。借主が借財をする動機はもっぱら恩恵施与《エヴエルジエテイスム》にあり、支払利息はアリメンタ基金の資金に充てられた。一二〇〇万と推定される人口に対して援助を受けた子女の数は四万人と推定されており、受給対象は少年が十八歳まで、少女が十四歳までである。このことから、地中海地方では早婚であったことがわかる。地方でアリメンタ制度を管理していたのは、道路監督官《クラトル・ウイアルム》や食糧管理官《プロクラトル・アリメントルム》であった。

（1）貧しい家庭の子供の扶養を援助する制度。富裕な個人が私財を投じて行なう私的アリメンタと、皇帝主導のもと国家や都市の公職者が運営する公的アリメンタがあった。公的アリメンタを始めたのはネルウァ帝で、つぎのトラヤヌス時代に制度が整備され、ほぼ二〇〇年間つづいた。北イタリアのウェレイアでは、皇帝が富裕な地主たちに対して彼らの土地を担保に金を貸付け、地主たちが支払う五パーセントの利息を貧しい子供たちの養育費として支給した。

（2）ベネウェントゥム北方一五キロメートルにある都市。

4　騎士身分

同時代の人は、ハドリアヌスが騎士身分の者に官職の階梯を設けたとして、皇帝を褒め称えた。騎士身分になるには、戸口調査で四〇万セステルティウス以上の財産を所有していることに加え、品性の保証が求められた。騎士身分への昇格は元老院によって認証される。ローマ化とローマ市民権の付与が進行することによって、騎士身分へ昇格する者が増加した。騎士身分の者のなかには、地方都市のエリートとして、地方の利益を図ろうとする者もいる。官職の階梯を昇ろうとする者には、いまや、以前よりも多くの役職があり、武官または文官への道が開かれている。解放奴隷には、文官への道としては、もはや下位の職や数少ない管理官《プロクラトル》の職があるにすぎない（ハドリアヌス時代の改革に基づく。六三〜六四頁参照）。新たに、管理官《プロクラトル》の階梯という騎士身分の者に対する「官僚制度」が定められたことによって、管理官《プロクラトル》を経て、官房の統括職やさまざまな長官職（海軍長官、エジプト長官、近衛長官）へ昇進する道が開かれた。

5　元老院

元老院はフランスの国務院《コンセーユ・デタ》[1]のようなものである。高級軍団将校を務め、財務官《クワエストル》という公職の最初の階梯を経たあとは、自動的に元老院入りを遂げる。ハドリアヌスのおかげで法務官《プラエトル》となり、アントニヌス・ピウスのもとで執政官となったフロントの場合がそうである。しかし、有力な庇護者がいなくなるにつれ、元老院は往年の社会的・経済的基盤を失い、第二級の政務を扱うだけとなる。元老院は青銅貨の鋳造権をもっているにすぎず、祝賀行事での演説に時を費やす。

（1）フランスの行政機関で、法律の制定に関する政府の諮問機関である。行政事件の終審裁判所の機能も有する。

前述したように、ハドリアヌスは、元老院に敬意を払いつつも、なんとかして元老院と距離を保とうとし、慌ててローマへ戻らず、視察旅行の合間をティヴォリの別荘で暮らす。保守的な元老院に対して警戒を怠らない。元老院は、属州人（その大半がギリシア人や東方出身者）を組み入れたことによって部分的には若返ったものの、悪しき皇帝たちによって元老院議員が多数殺害されていたので、少々人材不足に陥っていた。皇帝は個人的にイタリアや元老院管轄属州に対する介入を強め、元老院を、意見を述べ、記録に留めるだけの議会にしようとする傾向が認められる。皇帝は優れた人物や友臣を元老院議員に抜擢《アドレクティオ》する特権をもっていた。

もちろん統計があるわけではない。ダンカン・ジョーンズは利用可能な僅かな数値データ――共同浴場の建設費、道路関係の費用、立像の制作費、公職就任負担金《スンマ・ホノラリア》(1)、アリメンタ会計――を集成した。皇帝は、名門家系の多くのメンバーと同じように、屋根瓦製造の専用工房《フィグリナエ》を所有しており、たとえば、モロッコの工房は刻印《ボツリ》によって特定することができる。現在、少々解明が進んでいるのは、新農地の開発、鉱山、森林という三つの経済分野である。

(1) 都市の公職就任者が就任の際に寄付する任意の負担金。主として西方の慣行であり、東方では、富者が恩恵施与(エヴェルジェティスム)の枠内で負担した。

1 農業

農業分野では重要な措置が講じられた。農地は小規模(庭園と果樹園)、中規模(ブドウ畑とオリーブ畑)、大規模(小麦畑)の三段階に区分されていた。少なくとも属州アフリカでは、すでに、ウェスパシアヌス帝時代のものと考えられるマンキアナ法が存在した。この法律は、現地に居住し、休耕地か荒蕪地を開拓・耕作した小規模耕作者に対して、オリーブについては一〇年間、ブドウについては五年間、貢租を免除するという条件で、占有者《ポッセッソル》の地位を保証していた。一九〇六年にJ・カルコピーノによって公表されたアイン・エル・ジェマラ(チュニジアのトゥッガの近く、ティグニカ(古名)の南西)の有名な碑文(CIL、八、二五九四三)は、その先例となる行政文書であり、民衆に対して「掲示」されていた。この碑文に含まれているのは、耕作者が二人の管理官《プロクラトル》宛てに認《したた》めた陳情書が一通、管理官同士で交換された複数の書簡、皇帝の管理官の見解《セルモ》が一通、それにおそらくハドリアヌス自身の勅答《レスクリプトゥム》と思われる文書である。

管理官の見解は法律の適用に関するものである。すなわち、ブドウやオリーブ栽培に適した沼地や森林の開発だけでなく、法律の規定のいかんにかかわらず、皇帝領であっても、一〇年来耕作されていない小麦栽培に適した土地の開発について定めている。前書き部分を挙げておこう。「我々の皇帝が、熱心に人類の福祉（食糧配給（アンノナ）を示唆）に配慮し、不屈の熱意をもって、オリーブ、ブドウおよび穀物類の生産が可能なすべての土地を耕すよう命じたので、このことに関し、皇帝の深慮の許しに基づき、すべての人びとに、請負人《コンドゥクトル》たちによって耕されていない……土地を占有する権利を与える」

ハドリアヌス時代、請負人――しかも請負人自身も土地を所有――は、広大な皇帝領《サルトゥス》の耕作権を落札していた。請負人は、ときには団体を結成し、小農民の弱みにつけこんで、請負地の一部を手元に残しておいて、それを小作人《コロヌス》――収穫の一部の引き渡しと賦役《オペラエ》提供の義務がある皇帝の分益小作人――に耕作させていた。皇帝の管理官《プロクラトル》は、いまや、ハドリアヌスの未墾地法《レクス・デ・アグリス・ルディブス》――マンキアナ法より広い範囲で適用された法律――の適用状況を監視しなければならず、小作人に一〇年来開発されていない土地を開墾させてブドウやオリーブを栽培させ、そうすることによって、理論上国家が所有権《ドミニウム》を留保しながらも、小作人に土地の占有・譲渡・販売する権利を認めたのである。このような措置は、小さな規模の開発者に対し寛大さ《ベニグニタス》を示すことによって過疎化を防ぎ、適切に耕作されていない、したがって収穫量が低いラティフンディウム〔奴隷使用の大農地経営〕の収支を改善することを目的としていた。

これらの規定は、ヴァンダル時代[1]まで数世紀間、有効であった。当時の「アルベルティニ板」[2]がマンキアナ耕地《クルトゥラエ・マンキアナエ》に言及しているからである。これらの規定はアフリカ以外でも適用された。バルカン半島やギリシア（デルフォイの農業法）、国土全体が皇帝領であったエジプトもこれに追従した。エジプトでは、地代の減額を求める陳情や賃貸契約が知られている。たとえばパピルス文書には「ハドリアヌスの寛大さに基づき、私は、……の面積を、浸水しなかった土地（＝ナイル川の増水によって肥沃にならなかった）には通常の減額を行ない、人工的に灌漑を行なった土地には半分に減額するという条件で、……パーセントの割合で耕作することを引きうける」〔ブレーメン・パピルス、三六〕と記されている。ハドリアヌスは財政的措置を講じ、農民を優遇する。治世の初期、皇帝はつづけざま不作を経験したエジプトの農民の税金を軽減した。しかし、皇帝は見識をも示す。治世末期のパピルス文書によれば、おそらくあまり根拠がないと思われる同様の要求に対して、ユーモアたっぷりに、ナイル川と自然の法が助けに来るだろうといって断るが、年貢の納入を利息なしで三～四年間繰り延べることは認めた〔『ユスティニアヌス以前のローマ法源（ＦＩＬＡ）』、一、八一〕。

（1）ヴァンダル族は、五世紀にローマ帝国領に侵入し、イベリア半島を通過して、四三九年頃チュニジア地方に独立王国を建国したゲルマン人の一部族。五三四年に東ローマ（ビザンツ）皇帝ユスティニアヌスの攻撃を受け、滅亡。

（2）一九二八年よりアルジェリアとチュニジアの国境の山岳地帯で出土した五世紀末頃の木板。文字はインキで書かれている。

そのほかの措置も、このような土地政策と関係があると思われる。すなわち、皇帝が所有する土地《プラエディア》の境界調査のような土地台帳編成作業――スク・エル・アルバ〔ブッラ・レギア北東六キロメートル〕とか、私有地《レス・プリウアタ》と元首財産《パトリモニウム・プリンキピス》の分離に関するケメネルム（シミエ〔ニースの北部地区〕）での作業――、オリーブ油生産に関するカストゥロ（在・タッラコネンシス属州）の碑文〔ＡＥ、一九五八年、九〕、アテナイのオリーブ油法《レクス・オレアリアス》〔ＩＧ、二、一一〇〇〕（特定の土地の生産者を除き、利益の多い輸出を望む生産者に対して、収穫の三分の一をアテナイ市で販売することを強制）がそれである。このテクストは古来の伝統を想起させるとともに、ハドリアヌス治世のイデオロギーを示している。これに、イタリア北西部で出土した、二世紀の退役兵と解放奴隷《リベルティ》に関する数多くの碑文を加えることができよう。これら碑文は農村に生まれた新しい入植地に対応しているのかもしれない。

2　鉱山

金、鉄、銅、なかでも銀、を産出した属州ルシタニアのウィパスカ（現アルジュストレル）において、鉱滓のなかから、属州の管理官《プロクラトル》がこの地域の鉱山担当の管理官《プロクラトル》ウルピウス・アエリアヌス（解放奴隷）に宛てた書簡の断片が発見された。皇帝領で銀生産を振興するため設けられた、皇帝の特別措置を含む鉱山規則と考えられる。入植者には採掘用の抗道が割りあてられる。元首金庫《フィスクス》の取り分は、溶融前の鉱石もしくはその価額（あらかじめ定められた額を申し出た最初の取得者に時価で販売）の半額である。ただし、四〇〇〇セステルティウスを一括して支払うことによって、元首金庫の取り分を買いとることも可能である。

このきわめて興味深いテクストは、帝国全域に適用される行政規則とは別に、各地方に固有の規定があったことを示唆している。この規定は、抗道の開発にかかわる行政・法律制度に関するものであり、占有権、採掘した鉱石の買入・譲渡価格、採鉱作業用資金を調達するための組合（下請人（スブコンドゥクトル）は費用支出額に相当する持分をもつ）の設立と運営、鉱石加工の条件、隠匿または窃取した場合の権利の喪失を定めている。不当な溶解を密告した者に支給される報酬は鉱石価額の四分の一である。注目すべきは、採鉱業者が、賃借の場合であろうと、請負の場合であろうと、アフリカの皇帝領の小作人と同じように、「コロヌス」と呼ばれていることである。いずれの場合でも、小さな採掘権を大規模化しようとする。正真正銘の「契約書」によって、息の長い事業主を確保し、占有するコロヌスの数を増やし、コロヌスから過度に絞りとらずに、皇帝金庫の利益を確保しようとしていた。最も注目すべき新事実は、請負契約から、行政を統括する皇帝の管理官《プロクラトル》（騎士身分）による一種の直接管理へ移行したことである。

ウィパスカの二番目のテクストは、元首金庫に納入する税金（奴隷・ラバ・ロバ・馬の売買に関する税金）に関するテクストだ。鉱山労働者（奴隷または受刑者）が居住する集落で行なわれていたビジネスはすべて請負に出されていた。注目すべきは、労働者に必要不可欠であった浴場が存在することである。そのほか、靴屋、洗濯屋、補助的労働者、学校の教師に関する規則もある。ハドリアヌスは危険な作業に従事する労働者に対する福祉と安全に関する措置を定めていた。安全を目的とした技術上の措置（坑道や作業場の補強、立入坑道や坑内排水の問題、新鉱脈の探索）も定められていた。

鉱山開発に対する関心がブリタンニアまで広がったので、帝国は鉱山をまさに独占的に支配することになった。ハドリアヌスの刻印のある鉄鋌《インゴット》が南仏のフォス（サン・ジェルヴェ地区で見つかった難破船の第一号からアンフォラと鉄の棒とともに発見）やサルデーニャ島（スルキス鉱山があるアルブス市のピスティス、一つの碑文は、コロヌスが言及されているため、鉱山労働の管理組織と関係があるらしい）で発見された難破船から見つかっていることから、上記のことが判明したのである。

3　森林

レバノンの山には、岩に刻まれた、皇帝領の森林の境界《デフィニティオ・シルワルム》を示す一八六の碑文が遺されている（AE、一九八一年、八四二頁）。旧皇帝領の森林《サルトウス》は、おそらく管理官《プロクラトル》によって管理されていたのであろう。六世紀になっても保護区が残っており、歩哨所《ウイギリアエ》の監視のもとにおかれていて、歩哨所は防火も担当していた。船の建造のために確保されていた樹木は、杉・モミ・カシ・ネズという四種類の高木であり、それ以外の木ならば、個人も利用できた。伐採の可否は、測量士《メンソル》がシリア艦隊の長官と連絡をとって決めていた。

Ⅲ ローマ世界の概観

ローマ市、イタリア、属州間の差異は著しい。

1 ローマ市

ローマ市は他の地域に依存しているので、集合住宅《インスラ》には多数の住民が積み重なるようになって暮らしており、人口は一〇〇万人に達している。これほどの人口になると、道路・衛生・食糧配給に難問が発生する。ローマ市民がもっている権利は、まず小麦の配給を受ける権利である。区《トリブス》に登録されている平民は、無償で穀物の配給を受けられ、一般的に暇であり、生活に必要不可欠な手仕事はつづけているが、第一の関心事は、ユウェナリスの辛辣な表現によれば、パンとサーカス〔実際には、戦車競走に代表される娯楽一般を指す〕である。

ハドリアヌスは首都に不在のことが多く、視察旅行の合間は、パラティヌス丘の宮殿よりもティヴォリの別荘で暮らす。しかし、ローマ市を蔑ろにすることはない。皇帝はこの都を建造物で飾り、ローマ市域《ポメリウム》の境界を引きなおす(一四三頁参照)。皇帝の誕生日(一月二十四日)には、ローマ市民のために競技が催され、食糧やお金が配られた。

2　イタリア

ハドリアヌスが地方都市の名望家による自治を非難しているが、上層階級は経済力の一部を掌握しつづけている。しかし、イタリア、とくにその中南部は、人口減少とラティフンディウムの拡大によって経済危機に見舞われる。中小の農民は、ずっと昔は戦争、そのあとは征服によって打撃を受けた。開墾されていない土地ではマラリアが蔓延する。経済不振に農産物の低価格が加わる。トラヤヌスは元老院議員に対して資産の三分の一をイタリアの土地に投資する義務を課さざるをえなかった。小プリニウスの書簡〔『書簡集』三、一九〕は、土地売却の難しさ、小作人など労働力の不足に言及している。食糧配給《アンノナ》の制度があるので、ローマ地域では農業で収益をあげることはできない。公有地の払下げを受けた者は投資をしないで、最良の土地を酷使する。良い土地はオリーブ・果樹・ブドウの栽培にあてられ、これらの作物は属州との競合で過剰生産の危機に見舞われる。食糧配給制度は、ローマ市の平民と軍隊を養うために発展してきたが、イタリアでは小麦畑をダメにする。イタリアの産業は、いくつかの属州の経済活動からの脅威にさらされており、陶器とカンパニア地方やタレントゥムのブロンズ製品を除くと、生産は極端に少ない。交易ルートはイタリア半島を見捨てて、他へ移っていく傾向があり、この半島は活力を失っていき、イタリア商人はシリア商人との競争にさらされる。一般的にいって、イタリアの戦略的・経済的重要性は低下していた。

3　属州

ローマ市民権が属州人の幅広い層に与えられており、属州のブルジョワは概して繁栄を享受している。状況は属州によって大幅に異なる。

西方――古い属州は犠牲になっていたと思われる。コルシカやサルディニア（鉱山）は、いまだ後進地域であり、流刑の地として使われている。シチリアでは、ラティフンディウムが支配的であり、そのため都市が衰退する。アフリカは小麦とオリーブの生産地であり、ローマの食糧配給の三分の二をまかなっている。農地は請負に出され、各種階層の役人によって管理されている。ハドリアヌスは属州アフリカの未墾地に対し一時的に占有権を認めざるをえなかった。しかし、この地方ではローマ化がおおいに進展し（ブッラ・レギア、ウティカなどは植民市に格上げされ、アウィッタ・ウィッバ、コバ、トゥブルボ・マユス〔チュニス南西六〇キロメートル〕などには新しい自治市が誕生）、都市が数多く創建され、文学（アントニヌスとマルクス・アウレリウス時代に活躍するアプレイウス）であれ、美術品（彫刻、モザイク）であれ、バロックといえる独特の文化様式が生まれる。帝国の外側へ追い出されていた遊牧民は、防壁《リメス》に脅威を与えはじめる。

ヒスパニアは、厳しい監視下におかれている鉱山の開発によって、移民が多数集まり、ローマ化がおおいに進展する。ガリアと同じように、ローマ・イタリア人は、「異文化を受容した」ヒスパニアのエリートと結託する。五賢帝時代の皇帝たちをローマへ送りこんだのは、ヒスパニアである。金よりも、銅・鉛・羊毛・オリーブ油・ブドウ・魚醤《ガルム》、それに地中海全域で珍重された魚の塩漬けが生産される。

ブリタンニアも鉱山に恵まれているが、農村的性格を保っていた。征服はハドリアヌスの防壁《リメス》のところまで完了していたが、不完全なままである。ここではブリガンテス族の反乱に見舞われる。

ガリアのナルボネンシスは、ずいぶん早くからギリシア化され、そのあとローマ化されて、すでにずっと以前から、「端的にいって、属州というよりイタリアである」（大プリニウス『博物誌』三、四）。そのほか、ガリアの三属州（アクィタニア、ルグドゥネンシス、ベルギカ）では、農業（穀物生産、牧畜、多くの農業用邸宅（ウィラ）の存在）、産業（製陶、冶金、織布）、森林と採石場の開発、豊かな陸運と舟運に恵まれた交易が活発である。いまだ部族共同体《キウィタス》の活動が活発な地域では、都市化が進展する（ルグドゥヌムでは、アウグストゥス時代の劇場が拡張され、音楽堂（オデオン）や水道が建造される）。

ゲルマニアでは、軍隊が防壁《リメス》に集中的に配置されていたから、公共事業（軍団駐屯地の周辺または近郊に都市の中核の誕生）、産業（ガリア中部の陶工の移動開始）、交易（ドナウ川方面との交易）がきわめて活発である。

アルペス〔アルプス〕の属州では交易が活発で、活気に満ちている。属州ノリクムは鉄で豊かになり、アクィレイアの交易をドナウ川方面へ導く。ドナウ川流域の属州、とくに鉱山ラッシュを経験した属州ダキアでローマ化が進展したのは、軍隊のおかげであった。しかし、すでに蛮族（イアジュゲス族、ロクソラニ族）の脅威が顕在化している。

東方――帝国東部の行政は大幅に再編成された。ハドリアヌスは、トラヤヌスが行なったいくつかの征服を放棄したが、シリアと繋がっているアラビアは保持した。

ギリシアは、少なくとも文化の観点では第一級の役割を演じている（全ギリシア同盟の盟主であり、ハドリアヌスによって再整備されたアテナイが輝いているし、皇帝はエレウシスの再興にも貢献した）。帝政のもとギリシアが衰退過程にあるという月並みなイメージは、もはや通用しない。ドミティアヌス帝以来、明らかにヘレニズムが蘇り、ハドリアヌスがそれに弾みをつけた。帝国の石切り場（テオス〔イズミール南西〕）の開発が進められ、彫刻家の工房へ大理石が供給されて、古典期の傑作が数多く模刻される。ギリシアは小アジアと共生している。

ギリシア化した東方は、経済・文化面で大発展を遂げる。交易のおかげで、小アジアはおそらくギリシアより豊かであった。シリアは、農業、産業（亜麻布、絹地、緋色染料、ガラスといった奢侈品の生産）、商業（海路に平行して極東方面へ向かう隊商の起点）の発展により、とくに豊かである。ユダヤ戦争を除くと、巧みな外交政策によって（八二頁参照）、この地域では平和が維持されている。

　エジプトは特殊な地位を占めている。ハドリアヌスは、とくにエジプトに関心をもっており、当地を訪れる（テバイ近くの《メムノンの巨像》の碑文には、一三〇年十一月二十日にハドリアヌスとサビナが訪問したことを記念する詩人ユリア・バルビッラの二行連句（ディスティコス）が刻まれている）。古来の行政機構をそのまま流用し、そのトップにエジプト長官を据えて、皇帝はファラオやプトレマイオス王朝の王たちの後継者であった。この属州はローマに対する小麦供給の三分の一を生産しており、厳しい搾取の対象となっている。パピルス文書は経済や財政の問題を明らかにしている。賃借契約や農民の陳情も教えてくれる。大理石・花崗岩・斑岩・雪花石膏《アラバスター》の石切り場が開発される。交易は活発である。紅海とナイル川を結ぶハドリアヌス街道の終点には、ギリシア・ローマ様式の新しい都市アンティノオポリスが建設される。エジプトでは、さまざまな宗教が信仰されており、その信者はいくつかの紛争を引きおこしていた（ギリシア人とユダヤ人間の紛争）。

第五章　文化活動——文学

I　文人皇帝

広義の文化の面では、スポーツ競技の重要性を蔑ろにしてはならない。ハドリアヌスはアテナイで終身の競技会長《アゴノテテス》（パンアテナイア祭の主催者）であった。競技会はアンティノオポリス、キュジコス、エフェソス、スミュルナで開催される。文化団体のなかには、多くの部門をもつ芸人たちの団体《シュノドス》があり（実際には、トラヤヌス時代からある）、おそらく運動選手の団体も存在した。

帝国のエリートがバイリンガルであった時代、ハドリアヌスは、ラテン語と同じようにギリシア語も使いこなし、散文と同じように、いとも簡単に詩を作った（ディオ・カッシウス、前掲書、六九、三）。彼の文学活動の証拠、いやその断章、が伝存している。小プリニウスが書簡で述べているローマ貴族社会の伝統にのっとり、アマチュアとして文学活動に没頭した。この点で、アウグストゥス、クラウディウス、ネロのような先人皇帝と共通するところがあった。だが、芸術を帝国のイデオロギーの基盤に据えようとしたネロの二の舞を演ずることはなかった。ハドリアヌスの文学活動は、弁論術・文法論・書簡・論文・詩歌などさまざまなジャンルに及んでいる。まずラテン語の作品から見てみよう。

1　演説

古代にはハドリアヌスの演説集が流布していた。アウルス・ゲッリウス（前掲書、一六、一三）は、独自の慣習や法を棄てて植民市《コロニア》になることを望んでいる自治市《ムニキピウム》があることに驚いて皇帝が行なった演説に触れている。だが、この演説のテクストそのものは伝存していない。

碑文では、ハドリアヌスが義母マティディアに捧げた弔辞の抜粋（CIL、一四、三五七九）が遺っており、この弔辞から皇帝の悲嘆を覗うことができる。ランバエシスから出土した、皇帝がアフリカ駐屯軍に対して行なった演説の主な部分（ILS、二四八七と九一三三～五）も伝存している。語気や文体は軍隊における表現規範――たとえば短い語句の使用――にのっとっていて、論題と聴衆に適したものであるが、リズムや音声の響きに配慮し、脚韻法・類音重語法・対句法を駆使することによって警句《センテンティア》好きを披露しており、ある種気取った表現が認められる。ディオ・カッシウス（前掲書、六九、二〇）は、ハドリアヌスが後継者問題に関する最終決定を説明しようとして元老院議員に対して行なった――したがってラテン語の――演説をギリシア語で伝えている。このテクストは、常套句が使われているため、信憑性は高くないが、皇帝が「生理学や医学に関心」をもっていたという特徴を認めることができる（J＝M・アンドレ「ハドリアヌス――文学者で文芸の保護者」、『ローマ世界の盛衰（ANRW）』、二、三四、一、一九九三年）。

2　文法

四世紀の文法家カリシウスは、文法問題――おそらくそれのみではないだろう――について研究した皇帝の論考『語法《セルモネス》』に言及している。ハドリアヌスは、とくにラテン語のobiterという言葉の使い方に疑問を呈していた。文法に対する関心は、プリスキアヌスの『文法提要』（一〇）に言及されているウェリウス・ケレル宛の書簡からも窺い知ることができる。

3 書簡

書簡については、本書では、官房事務局が起草した公式書簡はすべて無視することにしよう。同様に、プロティナの求めに応じて、完全に行政文書の文体で書かれたアテナイのエピクロス派宛の書簡〔CIL、三、一〇九九〕も無視しよう。しかし、遺されている何通かの書簡からは、ハドリアヌスの特徴を読みとることができる。皇帝が「きわめて優しい、きわめて愛しい母」と呼んだ人に宛てたプライベートな書簡が遺っている。この書簡では、母に対して、誕生日の晩餐会へ招待することを忘れないでほしいと述べている（作者不詳『偽ドシテウス集』、一、三）。しかし、この史料の信憑性は疑わしいとされている。『ローマ皇帝群像』（「四人の簒奪帝伝」、八）には、皇帝がエジプトから義兄のセルウィアヌスに宛てた個人的な書簡（この信憑性も疑問）が転載されており、この書簡からは、諷刺好きで、才知に富んだ言葉を好む傾向が認められる。この書簡には、アレクサンドレイアにおける宗教の混乱状態や住民の活気あふれる活動が描写されており、皇帝は住民の気質を嘆く。ディオ・カッシウス（前掲書、六九、一七、三）は、ハドリアヌスが、死にたくても死ねないことがいかに辛いことかと語った書簡（ラテン語またはギリシア語の書簡）に触れている。晩年苦痛に見舞われ、自分の感情を表出するため、書簡というジャンルを使ったことの証《あかし》である。自分の病を治療できない医師を非難するのにも（エピファニオス『容量と重さについて』一四）、ヘリオドルスを中傷するのにも（「ハドリアヌス伝」一五、五）（一一五頁参照）、こういった書簡形式を用いた（何語で書いたのかは不明）。彼の書簡、少なくともそのうちの何通かは、おそらくハドリアヌスの存命中に出版されていたと考えられる。

4 覚書

治世末期に、ハドリアヌスは自叙伝的な性格をもった作品を上梓した。おそらく何人かの解放奴隷の名前で出版されたのだろう（おそらくフレゴン〔一一五頁参照〕はその一人）。『ローマ皇帝群像』やディオ・カッシウスの『ローマ史』には、その痕跡がいくつか遺っている。これらの作品のなかで、皇帝は自分の出自を述べ、四人の執政官経験者の死は元老院の仕業だと主張して、非難の塗れ衣を晴らした。アンティノウスの死をナイル川への入水によると説明したのも、おそらく、これらの書物においてであろう。ハドリアヌスは、みずからの覚書では、先帝たちを容赦しなかった。彼らのやり方にしたがったのである。トラヤヌスのワイン好きを強調したし、ティトゥス帝が宴会の席で父ウェスパシアヌス帝を毒殺したと非難した。青年時代からつねに皇位に就く予兆があった、と語ることを忘れなかった。したがって、この著作は、とりわけ宣伝の道具であり、みずからの政権を正当化し、自分の治世を弁明していた。アウグストゥスが自分の出自をたどり、内戦のときの行動を説明して、自分の責任を軽減しようとした覚書に近いものであったといえる。ただし、アウグストゥスの覚書は、経歴をすべてカバーしておらず、ハドリアヌスのように晩年に記したものでない点が異なる。ハドリアヌスがアテナイの万神殿《パンテオン》(1)の碑文にギリシアの都市や蛮族に対する施与を刻ませたことは、アウグストゥス、それも彼が書いた『神君アウグストゥスの業績録《レス・ゲスタエ》』を想い起させる。しかし、アウグストゥスがとくにローマ市の平民に対する施与を強調し、すべての業績を要約しているのに対し、パウサニアス（『ギリシア案内記』一、五、五）が示唆しているところによると、ハドリアヌスの碑文が対象としていた範囲は、ずっと狭かったようだ。

（1） ハドリアヌスの図書館の近く、アドリアヌウ通りとムニシクレウス通りの交差点辺りにあったと考えられている。

ハドリアヌスは詩に凝っていた。アプレイウスは、その根拠として、皇帝がエロティックな詩（『弁明』一一、三～四）を詠んだと指摘しており、ハドリアヌスの友人ウォコニウス・ウィクトルに対する追悼の辞——皇帝独特の感覚が表現された、交差配列法《キアスムス》[1]の構造で作られた詩——を引用している。固有名詞の音の響きをもてあそんだ二篇の詩の抜粋（ベーレンス『ラテン小詩人集』、一二三と一二四）と両性具有者に関する一篇の詩（同書、一二七）も彼の作品とされているが、その信憑性は疑わしい。以下に述べる作品は、これらの詩ほど信憑性が問題とされていない。フロルスがハドリアヌスの地方視察旅行があまり歓迎されていないことを皮肉ると、皇帝は機知溢れる四行詩で答える（「ハドリアヌス伝」一六、三～四）[2]。パロディー風に同じ統辞構造を用いて、居酒屋の憂愁やローマの雰囲気がかもしだす不快な点を暴く。ハドリアヌスは、別の形で擬古趣味を示したが、この詩によって「ローマ人の諷刺の伝統、すなわちフェスケンニア詩[3]の伝統に入りこむ」（J＝M・アンドレ）。愛馬ボリュステネスに対する墓碑銘（CIL、一二、一一二二）では、帝国の伝統にのっとり、同伴していた馬への愛着を示す。皇帝の、かの有名な、自分の魂に対する惜別の詩[4]（「ハドリアヌス伝」二五、九）は、たとえばマルグリット・ユルスナールの『ハドリアヌス帝の回想』の最終章やロンサールの着想のもととなったが、構文が曖昧であり、解釈には問題が残されている。しかし、詩人ハドリアヌスは、指小辞を使うことで生者の世界への愛惜を覗かせ、自分の霊を待ちうけているのは何か、と自問する。指小辞や才気あふれる言葉が、未知の世界への不安を完全に払拭してはいないが、緩和している。この詩には、凝った形式の向こうに、エピクロス哲学風の内面の感情が表現されている。ハドリアヌスのラテン詩の特徴は、音声の調和に対する優れた感覚、半諧音(5)、いや脚韻の使用、寸言を吐く感覚、そして短い詩を好んだことにある。

(1) 同等の関係にある二つの語群のうち、あとの語群の語順をまえの語群のそれと逆に配列する修辞法。たとえば「生きるために食べるのであり、食べるために生きるのではない」。

(2) フロルスが「皇帝なんぞにゃなりたくない。ブリタンニア人のあいだをさまよって……、スキュティアの冬を辛抱しなければならぬから」と詠うと、皇帝は「フロルスなんぞにゃなりたくない。居酒屋をさまよって、汚い大衆食堂をこそこそ歩き回り、丸々太った虫けらを辛抱せねばならぬから」と応じる。

(3) 韻律が自由なラテン古来の諷刺詩で、起源は不詳。農業祭や家庭の祭りと関係があり、諷刺的な即興や悪運を払うための卑猥な冗談で構成されていた。ローマ演劇の源の一つであり、その伝統は凱旋式や結婚式にも反映されている。

(4) 「小さな魂、さまよえるいとしき魂よ。汝が客なりしわが肉体の伴侶よ。汝はいま、青ざめ、硬く、露なるあの場所、昔日の戯れをあきらめねばならぬあの場所へ降りて行こうとする。いましばし、共にながめようこの親しい岸辺を、もはや二度と再び見ることのない事物を……目をみひらいたまま、死の中に歩み入るよう努めよう……」(多田智満子訳、『ハドリアヌス帝の回想』、白水社)

(5) 詩や語句の末尾における同一母音または類似母音の繰り返し。

6 ギリシア語の作品

ハドリアヌスがギリシア語で書いた作品のうち、パピルスの書簡が一通——真正かどうかは、いまだに疑問だとされることがある——伝来している。これは、皇帝が晩年アントニヌスに宛てに出した書簡であり、死期が迫るという事態に直面して得た平静さが示されている。しかし、皇帝のギリシア語の作品は、とりわけ詩である。彼は『カタカンナエ』(または『カタケナエ』)を著わした。この書名は難解であり、その意味としては、たとえば多くの枝がある木——したがって、「過多」の概念が含まれていて、形式と内容がさまざまな詩を想定させる——、あるいは編み細工、あるいは皮肉たっぷりな音調を想像させる。「ハドリアヌス伝」(一六、二)は、この作品を、アンティマコス〔前四〇〇年頃のギリシア詩人〕をまねした、きわめて不可解な作品としている。したがって、ギリシア語で書かれていたと考えられる。ハドリアヌスがプロティナに捧げた弔辞（ディオ・カッシウス、前掲書、六九、一〇、三）、皇帝が書いたアンティノウスの神託（『ハドリアヌス伝』一四、七）、皇帝がエパミノンダス[1]の墓に遺した碑文——おそらく韻文——（パウサニアス、前掲書、八、一一、八）については、それらの存在が言及されているにすぎないが、それ以外にも、皇帝が折にふれてつくった、さまざまな詩を味わうことができる。たとえば、女神ローマがトロイアの松明を取り戻すかのように登場する、ヘクトル〔トロイアの皇太子〕に関する詩（『ギリシア詞華集』九、三八七）や、追いかけてくる犬から逃れるため兎が海に身を投じ、海中の犬によって……貪り食われるというもう一篇の詩（同書、九、一七）がある。だが、これらの詩が真正なものであるかどうかは疑わしい[2]。アルキロコス[3]の墓に刻まれた二行の詩は、このイアンボス[4]詩人の功績を称えている（同書、七、六七四）。ディオ・カッシウス（前掲書、六九、一一、一）は、ハドリアヌスが、ポンペイウスの墓を修復するまえに、この墓について詠んだと思われる一篇の詩を引用している。もはや前述した詩のような墓碑銘ではなくて、口頭形式の詩であり、おそらく、アレクサンドロスに関する他の詩人の作品を引用したものであろう。アキレウスについて詠んだ詩もある。トラヤヌスがゼウス・カシオス神殿〔在・アンティオケイア〕に戦利品を奉納したとき、ハドリアヌスはそれを祝い、トラヤヌスのパルティア遠征に加護あれ、と祈願した（『ギリシア詞華集』六、三三二）。さらに、狩猟で殺した雌熊の毛皮をテスピアエのエロス神殿に奉納したとき、詩を添えて、我に詩情を与えたまえと祈願した（カイベル『ギリシア寸鉄詩』（エピグランマ・グラエカ）八一一）。皇帝はまた、詩人パルテニオス[5]の妻アレテの墓に対して、墓に刻まれていた、彼女が夫に捧げた詩が摩耗していたので、それに換えて韻を踏んだ新しい碑文を捧げた（同書、一〇八九）。このように、墓前で遺徳を偲び、詩で廷臣や神々を詠う。しかし、半身不随の文法家が助成金の支給を求めると、ハドリアヌスは辛辣な詩で返答することがあった（『ギリシア詞華集』九、一三七）。一般的にいって、これらの詩からは、ある種の凝った表現、言葉の反復、擬古主義、さらに、短い作品をつくる趣味を覗うことができる。ラテン語の作品にも認められる傾向である。

（1）前三六二年、テバイがマンティネイアでスパルタを撃破したときのテバイの将軍。この戦いで戦死。キケロが「ギリシア人のなかの第一人者」と讃えた人物。
（2）ティベリウス帝の甥ゲルマニクスの作品とする説が今のところ有力。
（3）パロス島生まれのエレゲイア詩人。前七世紀前半に活躍したとされる。
（4）アルキロコスが始めた諷刺・揶揄・個人攻撃・性的冗談を詠うのに使われたギリシア詩の韻律。のちに悲劇・喜劇の台詞の韻律として使われる。
（5）前七三年、捕虜となってローマへ連行され、釈放後、ローマ詩に大きな影響を与えたニカエア出身のギリシア詩人。

II　文学を支援する皇帝

ハドリアヌスは教養人であると同時に、文学の愛好者であったが、文芸政策について積極的に活動したのであろうか。文化大臣に相当する人物がいない時代、皇帝は、図書館の建設によって、とくに文芸作品の普及と保存を推進し、真の意味で国家の教育というべきものがなかったが、地方の教育機関を整備し、また教師や文人に特権や職を与えて、文芸活動を継続できるようにした。ハドリアヌスはこのような活動をうまくこなした。皇帝のおかげで、アテナイには、ハドリアヌスの名前がつけられた壮麗な図書館があった。一三五年には、ローマ市にアテナエウムという建物を建てる。しかし、その建造した場所を正確に特定することはできないし、どんな建物であったのかもわからないうえに、その果たした役割についても問題がいくつか提起されている。おそらく、アテナエウムに言及している古代のテクストはむしろ、この施設がのちにどうなったのかを伝えているからだろう。おそらく、ハドリアヌスはこの機関をギリシア語文法とギリシア語修辞学の教育のために構想したのであり、この機関によってローマ市でギリシア文化を振興し、最良のギリシア語教師がローマ市へ来住できるようにしたのである。この施設ではラテン語の文法や修辞学も教えられた。だが、このような教育がハドリアヌスの時代からアテナエウムで行なわれていたのかどうかは定かでない。皇帝は文芸の庇護者として振るまい、この施設の資金の面倒も見なければならなかった。もっとも、学校の経費に補助金を支出したのは、ローマ市自体か、私的な基金であった。

したがって、ハドリアヌスは、アテナエウムの設立によって、ローマ市に新たに公式の教授職を設け、五〇年以上まえウェスパシアヌス帝がとった措置――ローマ市にラテン語とギリシア語の修辞学に関する公式の教授職の設置――を凌駕したのである。「ハドリアヌス伝」(一六、一一)によると、教師の教育継続が不適当であると判断されるか(高齢のため、あるいはもっと有能と思われる同僚のほうが好まれたため)、教師が交替させられるとき、皇帝はかかる教師が補償金をもらえるように配慮していたようだ。このようにして、退職金ではなく、少なくとも再出発のための資金を援助した。別の機会でも、文人に多くの特別手当を支給したといわれている(同書、一六、八)。さらに、税金や義務を免除する政策でも、先覚者であったウェスパシアヌス帝のはるか上を行く。修辞学・文法・医学の教師のほかに、哲学者の教師にも税金を免除し、彼らに対しては裁判官や使節になる義務や兵役まで免除した(『学説彙纂』二七、一、六、八)。もっとも、後続の皇帝は、都市の規模に応じて特権を保有する者の数を制限することを余儀なくされた。ハドリアヌスはまた、知識人に行政組織内での職を与え、このようにして彼らの能力を活用するとともに、彼らに豊かな生活水準を保証した。

ハドリアヌスは、アレクサンドレイアの学術研究所《ムセイオン》が研究者を「寄宿研究生」として受け入れる特権を追認した。これら研究者は、講演やシンポジウムを開催したり、図書館を利用したりして、同僚がいる環境を活用することができた。なかでも、アンティノウスに関する詩を作ったパンクラトスを寄宿研究生としたし、ポレモンとか、ミレトスのディオニュシオスに対しては学術研究所の「研究助成金」を支給した。ハドリアヌスは、一三〇年、エジプト滞在中に学術研究所を訪れ、研究者たちに多くの質問を浴びせかけ、そのあと自分から解答を示した（「ハドリアヌス伝」二〇、二）。まるで研究者たちと競いあっているかのようであった。自分にとって都合の悪い別の状況のもとでは、皇帝は文人を批判する傾向があったと、「ハドリアヌス伝」（一六、八）は強調している。実際、ハドリアヌスは学者と会話するのを好み、皇帝が「もの静かな哲学者」セクンドゥス、さらに、エピクテトスに対して発した質問が伝えられている。しかし、これら文人との関係から、皇帝は癇癪《かんしやく》もちで、嫉妬心が強く、さらに意地悪であったことが判明している。いずれにしても、このような印象がもたれたのは、皇帝に相当敵意を抱いていた親元老院の傾向をもつ史料の影響を受けて書かれた作品が読まれていたからである。たとえば、ディオ・カッシウスは、皇帝が何人かの文人を憎んでいたとしている。「ハドリアヌス伝」にも、これと同じ調子で書かれた箇所がある。しかし、この伝記は、別の箇所では、比較的偏りのない史料に基づいているようだ。

確実なのは、ハドリアヌスが学識ある人たちに囲まれているのを好み、知的論争の価値を認めていたことである。そのような論争では、もちろんのことながら、自分の地位を弁えている者もいた。たとえば、アレラテ（現アルル）のファウォリヌスの機知に富んだ言葉を引用しておこう。語法に関する問題で、彼は間違ってもいないのに、皇帝に対し敗北を認めた。友人がこれに驚くと、論拠としては、ハドリアヌスが三〇軍団を有していることで充分である、と答えた（「ハドリアヌス伝」一五、一二〜一三）。皇帝の側近にはスエトニウスやフロルスがいたが、ギリシア語の作家もいた。ファウォリヌスとその論敵ポレモン、ヘロデス・アッティクス、詩人のクレタのメソメデス、ミレトスのディオニュシオス、ワレリウス・エウダエモン、カニニウス・ケレル、アッリアノス……である。ハドリアヌスは趣味の範囲が広く、古風な作家だけを求めていたのではない。

　前述したように、皇帝は支援を懇願してきた文法家をいかにも辛辣な詩で追っ払ったことがあった。文学好きであったからとて、つねに文人に対して親切であったとはかぎらない。スエトニウスと仲違いしたことも事実だが、あまり明確でない理由からの仲違いであり、文学とは関係がないだろう。ユウェナリスが失寵したのは彼の治下であると完全に証明されているわけではない。C・アウィディウス・ヘリオドルスは、ハドリアヌス治世末期にエジプト長官となった経歴があるので、皇帝が書簡で攻撃したヘリオドルス（「ハドリアヌス伝」一五、五）を別人とする説もあるが、同一人物と考えるべきであろう〔五三頁参照〕。皇帝がワレリウス・エウダエモンを貧窮に陥れたことも（同書、一五、三）、あまり信用するわけにはいかない。仲違いがあったとしても、彼の経歴は中断されることはなかった。ディオ・カッシウス（前掲書、六九、三、四）や『スーダ』[1]によると、ハドリアヌスは前述したファウォリヌスを害しようとしたらしい。一九三一年、このガリア人のソフィストが書いたテクスト『追放について《ペリ・フュゲス》』を含むパピルス文書が公表され、この文書から、ファウォリヌスがハドリアヌス治世下に追放され、皇帝によってキオス島へ送られたことが確認されたと考えられた。しかし、実際にこのような不興を買ったのかどうかを疑問とし、彼はハドリアヌスとしばしば激論を交わしたが、そのために不興を買うことはなかったと主張するフィロストラトス（『ソフィスト列伝』四八九）のほうを信頼する者もいる。このような作品が書かれたからといって、彼が個人的に追放の憂き目に遭ったことを意味するものではない。というのもファウォリヌスは、ハドリアヌスの死後、上記の作品を著わして、この皇帝を暗に専制君主として紹介し、ライバルによって地位を追われたことに復讐することができたからだ。実際に追放されたが、ハドリアヌスの責任ではないのかもしれないとする者もいる。確実なのは、皇帝がポレモンとファウォリヌスの争いに介入しなければならなかったことだ。属州アシアのギリシア都市同士の抗争において、エフェソスの旗手はファウォリヌスであり、スミュルナの旗手はポレモンであった。抗争は場をローマ市へ移し、両者は演説で対決する（同書、四九〇〜四九一）。ハドリアヌスは、アテナイのゼウス・オリュンペイオン神殿の奉献演説をする者にポレモンを選ぶことによって、彼に与していることを表明した。

（1）十世紀末にビザンツ帝国で編纂された歴史や文学に関する百科事典（または語彙集）。

文人間で緊張が生じることがあったはずだが、そのために、皇帝の文学に対する関心の強さと意見交換の趣味（たとえ意見交換がある種の知的対立――横柄で、栄光（いや虚栄心？）を好む気質の結果であり、議論を準備させる修辞学教育の結果である？――の形であっても）が明らかになった。

Ⅲ　ラテン文学

ハドリアヌスの文学活動が活発で、文学に対する趣味は強烈であったが、彼の治世には、フラウィウス朝やトラヤヌス時代の先達に匹敵するようなラテン語の文学作品を遺した作家はあまり出ていない。フラウィウス朝では、クィンティリアヌス、マルティアリス、スタティウスがいたし、さらに、それほど有名ではないが、『ポエニ戦争』の著者シリウス・イタリクスや『アルゴ船物語』の著者ワレリウス・フラックスがいた。トラヤヌス時代には、小プリニウス（一一三年、遅くとも一二〇年に他界）が一世紀末と二世紀初頭の元老院議員の政治・文学活動を知るうえできわめて貴重な書簡を遺している。文学は朗読《レキタティオ》（友人や文人の面前での作品の朗読）という現象に大きく影響された。朗読は独創性を制約し、よい結果を出そうする傾向を生むからだ。以下、皇帝と直接接触することができた作家だけを挙げておこう。

1　歴史のジャンル

ハドリアヌス治世下で最も花開いたジャンルは、歴史である。タキトゥスの『年代記』のほかでは、スエトニウスの『ローマ皇帝伝』という不朽の伝記作品を除くと、フロルスの登場によって新しい傾向が生まれた。

『年代記』が書かれた時期は完全には解明されていないが、一般的にいって、冒頭の数巻はトラヤヌス治世末期に書かれた可能性があり、それ以外の巻は一一九〜一二一年のあいだに執筆されたと考えられている。おそらく、タキトゥスのユリウス・クラウディウス朝に関する叙述は、いくつかの点でハドリアヌス時代の影響を受けている。たとえば、タキトゥスは、ユリウス・クラウディウス朝の宮廷における陰謀を描くとき、ハドリアヌスが登位したときの策略を思い浮かべたのかもしれないし、あるいはネロ帝やティベリウス帝を描写するとき、ハドリアヌスの性格に関する懸念を仄めかしたのかもしれない。いずれにしても、タキトゥスは、政治的立場ではハドリアヌスと意見を同じくせず、当時の政権の王朝的性格や絶対主義的傾向を遺憾に思っており、穏健な元首政を志向していて、共和政を継承した元老院がその役割を充分果たすことを願っていた。すなわち、彼が王位継承者として期待していたのは、おそらくC・アウィディウス・ニグリヌスであろう。タキトゥスはローマの運命を信じつづけていたものの、ニグリヌスが合法的に暗殺されたことがタキトゥスに大きな影響を及ぼし、あの『年代記』の陰惨な調子を生みだすことになったのにちがいない。

『年代記』につづいて出版された歴史書は、タキトゥスの最高傑作に比べて精彩を欠くが、面白味がないわけではない。

おそらくハドリアヌス治世末期、フロルスは、不適切にも写本によって『ティトゥス・リウィウス提要』として紹介された作品を著わした。彼はロムルスからアウグストゥスにいたるローマ史を書こうとしていたとしても、実際には、ティトゥス・リウィウスの要約に甘んじていなかった。他の史料に依拠しただけではない。史料をまったく異なる方法で整理した。彼の場合、ローマ国民の歴史は、順次、幼児期（王政時代）から青年期（第一次ポエニ戦争からアウグストゥス時代まで）、老年期（アウグストゥスの元首政からフロルスの時代まで）へと移りゆく生身の人間の歴史として構想されているが、トラヤヌス以降は新しい青年期として描かれる。この書物では、叙述を明晰にするため、対外戦争と内戦が区別される。完全に年代順に叙述するのではなく、道徳的、論理的または地理的基準を考慮した叙述に変更されている。フロルスはこの著作において征服を称揚すると同時に、帝国主義的政策の難しさと危険を説いている。警戒を怠らないハドリアヌスの平和は熟慮された愛国主義の一形態であり、前任者の国威発揚の政策と相容れないものではない、と力説することによって、トラヤヌス風の対外拡張政策を懐かしく思う気持ちを和らげようとしているかのようだ。歴史家フロルスはおそらく同名の弁論家兼詩人と同一人物であろう。彼はハドリアヌスと交流があった。二人が詩を交換していたことが知られているからだ。

スエトニウスは、ハドリアヌスの治世で、伝記というジャンルに格別の光彩を与えた。この騎士身分の文人はハドリアヌスとその先帝のもとで高級官僚として働き、小プリニウスの友人であり、トラヤヌス時代に『名士伝』（伝来している『文法学者と修辞学者伝』はおそらくその一部）によって著名な人物の略歴を集成した。そのあとハドリアヌス時代にユリウス・カエサルからドミティアヌス帝にいたる『ローマ皇帝伝』を上梓し、この作品では、職務上、公式文書に接することができる立場を利用して、冷酷なことが多いローマ皇帝の人物像を描いた。客観的で、なかば科学的に超然としているほか、通常、道徳的評価を明確に述べずに、皇帝たちの悪と徳の一覧表を作成することによって、読者の共感を呼ぶ。一定の全体構想にしたがっているが、実に巧妙に題材を提示し、特定の意図をもつ解釈を選んだり、冒頭の数章から全体の調子を押しつけたり、特定の容貌を特別扱いしたりして、読者を操る。事件の叙述や皇帝の心理を暴露する逸話にこだわり、センセーショナルな話題、異常な現象《プロディギウム》、特異な性行動に関心を示し、同時代の大衆の好みを満足させる。しかし、彼の作品には一定の政治的理念に関する見解も表明されている。おそらく穏健な体制に愛着を感じさせ、何人かの皇帝の常軌を逸した行動をたどることによって、スエトニウスはハドリアヌスに対してそれとなく助言し、この「小さなギリシア人《グラエクルス》」を、ネロのような人物を誘惑したヘレニズム君主政というセイレン(1)から遠ざけようとする。しかし、J・ガスク（『歴史家スエトニウス』、一九八四年）によると、スエトニウスにとって理想の皇帝は、ハドリアヌスが示していたイメージとあまり違わない。金銭欲がなく、恭順《ピエタス》を実践し、元老院議員に敬意を払い、解放奴隷の影響力を制約して、騎士階級の人物を重用し、対外拡張政策を疑問視するという皇帝のイメージである。この作家は擬古主義に対する趣味では皇帝と同じではなかったが、この二人の人物の違いは審美的な違いにすぎなかった。しかし、スエトニウスは皇帝の寵を失った。その理由はわからない。

(1) 乙女の顔をもち、鳥の姿をして、美しい声で歌って近くを通る船乗りを誘惑して殺したという海の怪物三姉妹。オデュッセウスの物語に登場する。

2 碩学の著作

スエトニウスは伝記以外のさまざまな分野にも知的好奇心をもっていた。百科全書的知識を大切にしたこの多作な文人が上梓した多くの作品のなかでは、『雑録《デ・レブス・ウアリイス》』以外に、ローマの公式競技に関する著作と、もう一つ、ローマ人の風習に関する著作を挙げておこう。ギリシア語でもギリシア人の競技に関する書籍と、もう一冊、罵詈雑言に関する書籍を著わした。きわめて多様な興味をもつ碩学であるらしく、興味を引いた事柄について体系的ではない目録をつくり、それらの起源を理解させようとした。

文法家としては、ハドリアヌスの教師であったテレンティウス・スカウルス、ウェルギリウスの注解と『正字法について《デ・オルトグラフィア》』を著わしたウェリウス・ロングスを挙げることができよう。そのほか、ウェリウス・ケレルは、スカウルス同様、文法問題についてハドリアヌスと文通を交わしていた。

他方、ハドリアヌス時代には、法律家が活躍する。たとえば、L・ネラティウス・プリスクスは『覚書《メンブラナエ》』、『見解集成《レスポンサ》』と『法規範集《レグラエ》』、P・ユウェンティウス・ケルススは『学説彙纂《ディゲスタ》』、『注解《コンメンタリイ》』と『書簡集録《エピストラエ》』を著わし、P・サルウィウス・ユリアヌスは告示の法典化を行なったあと、『学説彙纂《ディゲスタ》』を書き、おそらくアントニヌス治下で刊行された。さらに、『法学通論《エンキリディオン》』の著者セクストゥス・ポンポニウス、ハドリアヌス時代に活動しはじめ、のちに講義録にあたる法律の注解書『法学提要《インスティトウティオ》』と、実務書の性格をもつ『法学通論《レス・コティディアナエ》』を著わしたガイウスを挙げることができる。

3 弁論術

ローマ市在住の弁論術の教師としては、アウルス・ゲッリウスの師であると同時に友人であったヒスパニア人アントニウス・ユリアヌスと、修辞学者T・カストリキウスが知られている。カストリキウスは、ハドリアヌスがみずからの生活態度や文学的知識から重要視していた中庸と、古典主義に愛着を示していた。

キルタ出身のフロントは、ハドリアヌス治世下で最も有名な弁護士であり、おそらく皇帝の晩年にマルクス・アウレリウス、アントニヌス治下でルキウス・ウェルスの修辞学の教師となった。彼の演説は、議会での演説であれ、法廷での弁論であれ、毀誉褒貶の演説であれ、第二のキケロという名声を博したが、伝存しているのは、いくつかの断章にすぎない。書簡も一部分が遺っているだけで、そのほとんどがアントニヌス治世下のものであるが、マルクス・アウレリウス時代に認《したた》められたものもある。フロントは文学では擬古主義を好んだ。そのためハドリアヌスと趣味が同じであった、いやおそらく、ハドリアヌスの趣味の源は彼なのだろう。皇帝が古いラテン作家の研究に興味をもっていたのも、フロントのせいかもしれない。

4 哲学

この時代の哲学は、ラテン哲学というよりギリシア哲学である。しかし、元老院議員のあいだでは、ストア哲学が広く浸透した。この哲学はユリウス・クラウディウス朝とフラウィウス朝では批判勢力の教義であったが、いまや皇帝のイデオロギーに適合していたからである。たとえば、一三三年と一六二年に執政官に就任し、ついで首都長官《プラエフエクトウス・ウルビ》に就任したユニウス・ルスティクスは、若きマルクス・アウレリウスにストア哲学を教えた。

5 詩歌

詩歌のジャンルで流行したのはエピグラムである(1)。ハドリアヌスの友人ウォコニウス・ウィクトルは卑猥なエピグラムを詠んだ（アプレイウス『弁明』一一）。ハドリアヌスのもとで属州マケドニアの総督となったセンティウス・アウグリヌスは『小詩』を著わした。彼が詩で小プリニウスを褒め称えたため、小プリニウスはなおさら、この詩集を好んだ（『書簡集』四、二七）。

（1）もともと墓碑や奉納物に刻まれた短い詩文を意味した。前六世紀頃からこの短い詩文にエレゲイアの詩形が用いられるようになったため、やがてエピグラムといえば、エレゲイアの詩形で作られた短い詩を意味するようになった。

諷刺詩を牛耳っていたのは、ユウェナリスである。もともと弁論教師であり、ドミティアヌス帝没後からハドリアヌス治世初期までに『諷刺詩』を発表した。許されるかぎり過激な嫌悪感《インディグナティオ》を示すことによって、かつ、このジャンルの常道である誇張によって、時世の悪弊を告発する。口をきわめて非難する相手は死者だけとし、自分の才気によって不快な悪影響を与えないように、名前を伏せる気遣いを見せる。晩年、これが奏効しなかったことは明らかだ。ハドリアヌスは——この八十歳！の人物を軍隊内での昇進と見せかけ——しかとはわからない理由でエジプトに追放したのかもしれないからだ（アンティノウスに言及したと思われた喜劇役者を批判したためか、彼によると皇帝が軍人に与えていると考えられた特権を非難したためか、あるいは、あまりにも東方の人たちを贔屓していると考えられる政策に抗議したためか）。

韻律や音調を巧みに追求しようとした詩もある。ハドリアヌスのものとされている詩にその痕跡が認められる。この特徴を追求した宗教的な詩もあった。たとえば、フロルス（おそらく『ティトゥス・リウィウス提要』や対話『ウェルギリウスは雄弁家か詩人か』の著者と同一人物）、やハドリアヌスの詩がそれである。

IV　ギリシア文学

ハドリアヌス時代——そして五賢帝時代を通して——、ギリシア文学はラテン文学より活力があり、多くの重要な作家を輩出したと思われる。同時に、文化や教育《パイディア》に関心が払われていたことも明らかである。

1　詩歌

《メムノンの巨像》に刻まれた、詩人ユリア・バルビッラ（エジプトでの皇妃サビナの随員）のエピグラムが知られている。ハドリアヌス自身も数篇のエピグラムを遺した。

抒情詩を代表していたのが、讃歌や叙景詩を詠った詩人クレタのメソメデスである。ハドリアヌスの友人であり、彼のためにアンティノウス讃歌を作った。

アテナイオス（『食卓の賢人たち』一五、六七七f）は、パンクラトスがアレクサンドレイアで詠った詩の四行を伝えている。ハドリアヌスがこの都市の近くで討ちとったライオンの血が地面に広がったとき芽生えたとされる蓮を称え、この蓮をアンティノウスと命名しようとする。これらの詩句は、パピルスで伝来している重要な写本（『オクシュリンコスのパピルス（P・OXY）』八、一〇八五）と同一の詩にちがいない。この写本は、ホメロスとヘシオドスの影響のもと比喩を駆使してハドリアヌスとアンティノウスの狩りを語り、このライオンの死を叙事詩の調子で詠っている。ホメロスとヘシオドスに対する関心は高かった。それを証明しているのが『ホメロスとヘシオドスの歌競《くら》べ』といわれている作品である。これは、伝存している形では、ハドリアヌス時代、または彼の逝去後数年以内に書かれたものであり、アルキダマス（前四世紀のソフィスト）の『ホメロスとヘシオドスの歌競《くら》べ』から着想をえて修辞学者が作ったものかもしれない。この作品からわかっていることは、ハドリアヌスがアポロン女神官のところでホメロスとその父の生誕地を調査した可能性があることだ。

2　歴史のジャンル

一人の人物がこの時代のギリシア修史の特徴を示している。それは執政官や属州カッパドキアの総督を歴任したアッリアノスで、彼の経歴の大半はハドリアヌスの恩顧のせいであった。彼の歴史に関する著作は、大半が上記の職を全うしたあとに書かれた。ビテュニア地方出身の文人であり、歴史編纂以外のことにも関心をもっていた。エピクテトスの講義を聴き書きしたノートに基づいてエピクテトスの『語録《ディアトリベ》』と『要 録《エンケイリディオン》』を出版したため、この哲学者の教育が伝わっている。行政での経験から、ハドリアヌス治世下で『黒海大航海』を著わした。これは黒海沿岸の巡察に関する報告書である。この書籍では、地勢を描写し、距離を明示して、軍事情報を提供しており、名所旧蹟やアキレウスの島のような地方の伝説も伝えていて、パトロクロスも追想する。このようにして、彼は皇帝に取りいった。皇帝はきっと、すでに他界し、神格化しようとしていたアンティノウスに対する恋情を示唆していると考えたにちがいない。アッリアノスはカッパドキアの属州総督としてアラニ族の侵入も撃退しなければならなかった。これに成功を収めたあと、『アラニ族戦争』と『戦術論』を著わした。ハドリアヌス逝去のあと、引退後の時間を使って著述に専念し、上記以外の著作も遺した。

ハドリアヌスの解放奴隷トラッレスのフレゴンは、とりわけ『オリュンピア年代記』を著わしたが、いくつかの断章が伝来しているだけだ。この書物は、第一オリュンピア年からハドリアヌスの逝去までを扱っている。古代の人たちは、彼の文体を優雅だとは思っていなかった。事実、重要なのは、説明的な説話や神託頼みについて記された無味乾燥な注解である。『長命な人間と世界の驚異について《ペリ・マクロビオン・カイ・タウマシオン》』では、彼の、超自然的な世界や資料集成に関する趣味を窺うことができる。

ビュブロスのフィロンは、百科事典的な作品や文法書を著わしたが、歴史のジャンルにも関心を有しており、『フェニキア史』を出版した。フェニキア語の原作を翻訳したといわれている。『スーダ』によると、そのほか、ハドリアヌスの治世に関する作品（おそらく頌詞）も著わした。

3　プルタルコス

プルタルコスは四六年頃に生まれ、一二六年頃他界した。これまで述べてきた歴史家たちより前の世代に属しており、当時のギリシア文学では注目すべき人物であった。このカイロネイアの名望家はローマ市民であり、ローマとすこぶる良好な関係を保っていた。いわゆる『道徳論集《モラリア》』に収められている作品には、人の行動を描写し、道徳について助言する論考（『饒舌について』、『怒らないことについて』など）だけではなく、該博な知識を披露した作品（『健康のしるべ』など）、修辞学の解説書（『アレクサンドロスの幸運または徳について』など）、政治に関する論考（どんな体制も、うまく運営されるなら、良い結果をもたらすとし、ローマ帝国を受けいれると表明した『君主政、民主政、寡頭政について』など）、師と仰ぐプラトンと同じように対話形式を好んだ哲学の論考（『神の正義の遅れについて』など）、その他の作品（たとえば、歴史と哲学をあわせ論じた『神託がなきことについて』）がある。

『対比列伝』（いわゆる『英雄伝』）は、晩年の一二五〜一三〇年を費やして書かれたと思われるが、彼は歴史作品として書かないことにしていた。歴史的真実を追求し、対象たる人物の業績を年代順に再現するのではなく、人物像を一貫した形で描くことに関心をもっていた。そのため史料を取捨選択する。ほとんどの伝記は、二人一組、ギリシア人とローマ人を一組として呈示される。二人の人物を比較することによって、そのいずれが秀でているかを示すことよりむしろ、対等な人物を組み合わせることによって、ギリシア・ローマ文化の同一性を示すことを重視していた。

4　エピクテトスとハドリアヌス治世下のギリシア哲学

この時代のストア哲学の巨匠はエピクテトスである。ネロ帝の解放奴隷エパフロディトスの奴隷であったムソニウス・ルフスの弟子であり、九三年にドミティアヌス帝によって、すべての哲学者と同じくローマ市から追放されたあと、エペイロス地方のニコポリスに定住し、そこに哲学の学校を開設した。他界したのは、ハドリアヌス治世末期のはずである。ハドリアヌスとの関係は良好であった。皇帝はエピクテトスにローマ市に戻ってくるよう勧めたと考えられているが、彼はエペイロス地方に留まるほうを選んだ。弟子のアッリアノスがこの哲学者の教育を伝えている。エピクテトスのストア哲学が関心を示していたのは、とくに倫理学であり、論理学や自然学をまったく付随的なものとして扱っている。しかし、前述した『語録《ディアトリベ》』と『要録《エンケイリディオン》』に書かれているのは、師エピクテトスの教義の一部にすぎない。

ストア哲学者テュロスのエウフラテスは、老いと病に悩まされ、ハドリアヌス治世の初期に自発的に毒人参を食べた。

つまるところ、この時代の主流は、折衷主義の哲学であった。この傾向は、おそらく、この時代が教育の時代であり、新しい思想を生み出す時代ではなかったという事実と関係があるのだろう。

5 ソフィストの修辞学

二世紀の文学全体に修辞学が浸透した。この世紀には、フィロストラトス[1]が三世紀初頭に「第二次ソフィストの修辞学」と呼んだ修辞学が開花する。この修辞学は、ある種のタイプの人間を描写したり、歴史のテーマを論じようとしており、紀元前五世紀の、ゴルギアスに代表される哲学的傾向をもつソフィストの修辞学とは異なる。第二次ソフィストの修辞学が生まれるのは二世紀ではない。フィロストラトス〔前掲書、五〇九〕は、紀元前四世紀のソフィストの修辞学を代表するのはアイスキネスとしており、この修辞学が大発展を遂げたのは、一世紀の中葉からである。

(1) フラウィウス・フィロストラトス（一七〇年頃〜二四五年頃）。アテナイで学んだギリシア人の伝記作家で、セプティミウス・セウェルスのサークルのメンバー。

アレラテのファウォリヌスは、ディオ・クリュソストモス（プルサ出身）の弟子であり、プルタルコスやフロントの友人であった。彼の遺作は、師匠の著作として伝えられている演説二篇（『コリントスの演説』、『運命について』）と『追放について』の断片、そのほかに、いくつかの断片がある。だが、これらの著作では、彼の哲学的思索はほとんどわからない。文体は大袈裟であり、アジア風の言葉遣いが特徴である。ハドリアヌスの側近であり、皇帝は彼と議論するのを好んだが、彼を哲学者として認めようとはしなかった。彼に公共奉仕を免除しなかったのは、そのためのようだ。ファウォリヌスはポレモンの論敵であったが、皇帝はポレモンのほうを引きたてた。おそらく、このガリア人は、前述したように、ハドリアヌス時代に追放の憂き目に遭ったと思われる。

エフェソスのロッリアノスは、アテナイでいくつかの役職を務めた優秀な弁論家であるが、著作の断片が伝わっているにすぎない。ハドリアヌス時代に、アテナイ市の修辞学講座の初代教授を務めた。

ミレトスのディオニュシオスは、イサイオスの弟子であるとともに、C・アウィディウス・ヘリオドルスの好敵手であり、属州アシアの諸都市で名を馳せた。前述したように、ハドリアヌスは彼を管理官《プロクラトル》に任用し、アレクサンドレイアの学術研究所《ムセイオン》の会員にした。

ビュザンティオンのマルコスは、ハドリアヌスが即位したとき四十歳くらいであった。ビュザンティオンの外交使節として皇帝と接し、そのとき皇帝は彼の才能に瞠目した。イサイオスの弟子であって、師の飾りけのない言葉遣いを採りいれ、フィロストラトス〔前掲書、五二八〕によると、それに温和という魅力を加えた。この言葉遣いの簡潔さは、身なりの質素さとともに、ラオディケイアのポレモンと対称的であった。ポレモンはスミュルナで修辞学の学校を開いていて、この都市から外交使節として皇帝のもとへ派遣された。あまりにも説得力があったので、ハドリアヌスはスミュルナに施物を与えた。豪勢な暮らしをしていて、とくにトラヤヌス、ハドリアヌス、アントニヌスの寵を得た。ハドリアヌスの取りなしとアントニヌスの善意がなければ、登位前のアントニヌスに対して示した傲慢な態度によって、ポレモンは身を滅ぼしていたかもしれない。

超富豪のアテナイ人ヘロデス・アッティクスは、スコペリアヌスとファウォリヌスの弟子であり、ソフィストとして有名であった。アテナイとローマ帝国で公職に就く（ハドリアヌス治世末期、属州アシアの特別監察官（コッレクトル）という都市の予算管理を監督する立場にあり、異例の気前のよさでこの職務を遂行し、一四三年に執政官に就任）。彼の名前が遺っている著作は、雄弁術練習のための『国制について』一篇のみであり、これも真作かどうか疑問とされることがある。アッティクスはアッティカ風の言葉遣いを好み、あまりにも上手に古典期の文体をまねたので、紀元前五世紀の作品と信じられていた。作者がヘロデス・アッティクスであるとすれば、名人芸といえる。アテナイの篤志家であり、同市に彼の名がつけられた音楽堂《オデオン》を建てた。しかし、彼は父がアテナイ市民に遺贈した財産を浪費したと非難され、同市民と裁判沙汰になった。ハドリアヌスの側近であり（皇帝のギリシア政策を支持）、アントニヌスの友人であって、将来のマルクス・アウレリウスとルキウス・ウェルスにギリシア修辞学を教えた。

修辞学者ヌメニオスも挙げておこう。アンティノウスの死後ハドリアヌスのために『慰めの辞』を書いた。修辞学の論考を著わしたアレクサンドロスという息子がいた。

6　キリスト教文学

新しい宗教を普及し、受容させようとするギリシア語による護教運動は、二世紀の後半に開花するが、すでにそれ以前から始まっていた。アテナイの司教クァドラトゥスが皇帝ハドリアヌスに対しキリスト教を説いていたからだ。そのほか、エウセビオス（『教会史』四，三，三）によると、ハドリアヌスにキリスト教の信仰を弁明したのは、キリスト教徒のアリスティデスとされており、彼の弁明相手は、むしろアントニヌスであった。

第六章　文化活動——美術、宗教

I　美術

みずからも建築・彫刻・絵画の才をもっていた皇帝のもと、美術は著しく発展した。ハドリアヌスは学術研究所《ムセイオン》の事務局を特別の管理官担当職《プロクラトル》としたようだ。ディオ・カッシウス（前掲書、六九，四）が流布した風聞によると、ハドリアヌスは、芸術家としての自尊心から、トラヤヌス時代の建築の天才アポッロドロスに腹を立て、彼を追放して、死亡させたとのことである。しかし、この逸話は矛盾が多すぎ、あまり信用できない。かりにアポッロドロスがこのような運命をたどったとしても、治世末期のことであり、理由は別のところにあったにちがいない。

総括すると、伝統主義《アカデミズム》の傾向をもつ古典主義からの反発ということができよう。しかし、この古典主義には、折衷主義と異文化融合のニュアンスが含まれている。すなわち、古代ギリシアを志向する擬古主義《アルカイスム》、時代遅れの新アッティカ主義[1]、アレクサンドレイア様式[2]（たとえば神話の帯状装飾）、巨大な規模・素材・主題（王の象徴、ヴァティカンの浅浮彫りにある行列）に認められるエジプト風の異国趣味が含まれている。この異国趣味には、ハドリアヌスを世界に君臨するファラオとして（ハドリアヌスの別荘にあるカノポス、ティヴォリの「カッシオの別荘」[3]）、アンティノウスを新しいオシリスとして紹介しようとしているものもある。皇帝は僻遠の地の勢力とも交流していた。ローマ市を訪れたバクトリアの使節は、ローマ市の彫刻を持ち帰り、これがガンダーラ美術に寄与したのかもしれない。

（1）前二世紀にアテナイの彫刻家によって始められ、前一世紀中頃から後一世紀初頭にかけてローマに移入された美術の風潮。ギリシア古典時代（前五〜四世紀）の作品を模倣・模写しようとし、アルカイック期の作品からの影響も受けた。
（2）拙訳のP・プティ／A・ラロンド『ヘレニズム文明』（白水社文庫クセジュ九二八番）五九〜六二頁を参照。
（3）ハドリアヌスの別荘の東方、リポリ山麓に遺跡がある。

皇帝の政治と関係がある作品は多い。神話の情景の代わりに、行政や道徳の概念が賛美され、属州が擬人として表現される。ときには巧妙な象徴主義と宣伝が認められることもある。ハドリアヌスの別荘のカノポスに建つ「マルス神の像」は、ハドリアヌスがアテナイで目撃した武装戦車競争で勝利を収めた壮丁《エフエボス》かもしれないし、右手にオリーブの枝を握り、平和を保証するローマ軍の実力を想起させているのかもしれない。

重要な遺跡として遺っている建造物の特徴は、彫刻にもまして、巨大趣味であり、「バロック」趣味である。技術面での特徴は煉瓦が広く使われていたことであり、煉瓦の刻印《ボツリ》（1）は建造年の推定に役立つ。煉瓦を使うことによって、斬新な曲線構造を実現できた。すなわち、上部に煉瓦のリブを配した乱積構造が普及したからである。さまざまな形の丸天井《クポル》や大型の穹窿《ヴォールト》が用いられており、それらが特徴的な要素となっている。

（1）煉瓦や瓦に刻印を押す習慣は前一世紀から始まる。当初、長方形の刻印であったが、フラウィウス朝時代から三日月形となり、次第に月が閉じた形になって、カラカッラ帝の時代に円形となった。一二三年、刻印に執政官名による年代表示が義務づけられたが、この義務は一六四年頃にはなくなった。

最も数が多い建造物として挙げることができるのは、快適なプランの住居（例・オスティアの住居）以外では、

――ギリシアの伝統にはなじみのない、ローマ支配の象徴として造られた数多くの記念門（例・ローマ、アッタレイア〔現アンタルヤ〕、テルメッソス〔アンタルヤ北西〕、イェルサレム、ペトラ、アレクサンドレイア、プトレマイス）。

――精巧な水道（サイフォン方式）と、各種の施設を具え、洗練された装飾をもった豪華な共同浴場。

――音楽堂《オデオン》と会議室（例・ローマ市のアテナエウム）。

――新しい形の神殿。以下、そのうちの二基を説明しておこう。

1　「ウェヌスと女神ローマの神殿」

「ウェヌスと女神ローマの神殿」は、ローマ市最大の神殿であり、一二一年に着工、一三五年に奉献された。女神ローマに対する祭祀が一新され、イオニア地方（マイアンドロス河畔のマグネシア）から導入された構造をもつ神殿のなかで祭祀が営まれる。一四五×一〇〇メートルの基壇のうえに二つの神室《ケッラ》が背中あわせになったプラン。長辺の両側には、灰色の花崗岩の列柱が二列並んでおり、その両側の中央部には大門《プロピュライア》が開いている。マクセンティウス帝の修復により（三〇七年）、神室には後陣《アプス》が造られ、神室の両側面には壁龕と円柱が交互に配され、新しく装飾が施された。ハドリアヌスが行なった革新は、属州において皇帝礼拝と結びついた形で女神ローマ《デア・ローマ》が祀られているのと同じように、首都においてもこの女神の祭祀を導入したことであり、その結果、ローマ市の住民も属州民と同じ環境に置かれることになった。この女神ローマと結びつけられたのがウェヌスである。ウェヌスは、アエネアスの子たちの母で、

ユリウス家の母系の先祖[1]であり、ユリウス家の守護女神と目され、皇帝一家の保護女神であると同時に、世界に繁栄と豊饒をもたらす女神であった。四月二十一日の首都創建祭《ナタリス・ウルビス》の開催と結びつけられた「ウェヌスと女神ローマの神殿」によって、ハドリアヌスは永遠なるローマ《ローマ・アエテルナ》の将来に対する確信を示そうとしたのである。

（1）ウェヌス（アフロディテ）とアンキセスの子がアエネアスであり、アエネアスの息子がアスカニウスで、その別名をユルスという（別伝もある）。前二世紀以降、ユリウス家は、このユルスをみずからの家系の祖とした。

2　万神殿

万神殿《パンテオン》（一二一年に再建開始）は、アグリッパ[1]が竣工し、一一〇年の火災によって破壊された万神殿を再建したものである。大胆な規模（外径五八メートル、内径四四メートルの円筒、敷地一五二〇平方メートル、内部の容量四六〇〇〇立方メートル、全容量八〇〇〇〇立方メートルに対する組積量二三〇〇〇立方メートル、内部の高さ四三・三メートル）と新しい技術の採用では、比肩するものがない。頂から採光するために設けられた直径三〇ペス〔九メートル〕の採光窓《オクルス》、コンクリートの基礎のうえに築かれ、煉瓦で外装された組積がそれだ。この組積には空隙（壁龕とアプス）が設けられているが、丸天井《クポル》の荷重と均衡させるため上方へゆくにしたがって空隙は小さくなっている。コンクリートの組成はさまざまだ。基礎部分では、水平に層を設け、荷重を軽減している。持ち出し構造のように造られた丸天井の荷重は、建物を支える円筒に対して垂直方向に伝えられる。二つのシェル構造は、壁面にある垂直のリブによって結合されている。すべての要素が扶壁で支えあっている（煉瓦の隠しアーチ）。万神殿という円形建造物は、まさに世界の神殿《テンプルム・ムンディ》である。幾何学的に釣り合いのとれた集中式プラン、造形上の一体性、眺望の良さが、驚くべき効果を発揮している。万神殿は、教皇ボニファティウス四世〔在任・六〇八〜六一五年〕によってサンタ・マリア・アド・マルティィレス教会に改造されたため、一九〇〇年間も保存され、旅行者や建築家によって異口同音に称賛されている。しかし、青銅の屋根瓦、玄関口の青銅の屋根組みと彫刻は失われている。この建造物は、容量や規模によって、おそらく内部の壁龕や格間の巧妙な数の戯れによっても、宇宙の完全無欠さを象徴しており、アグリッパが建造した万神殿と同じように、マルス、ウェヌス、カエサル、アウグストゥスの立像を安置した王朝風の記念建造物であった。と同時に、皇帝権力とローマ帝国の広大無辺な規模を称揚していた。

（1）アウグストゥスの盟友にして、娘ユリアの婿。前二七〜二五年に万神殿を建設。

3　ハドリアヌスの墓廟

ハドリアヌスの墓廟（一三〇〜一三九年）はアントニヌス朝の墳墓であり、アエリウス橋（一三四年竣工、中央の三基の大アーチは現存、両端にあった二もしくは三基のアーチからなる傾斜路は消失）がこの墓廟に通じている。アウグストゥスの墓廟と同じ様式〔着想はエトルリアやイタリアの墳墓に基づく〕を採用していて、一辺八九メートル、煉瓦で構築された高さ一五メートルの四角形の基壇のうえに、オプス・カエメンティキウム(1)で構築された円筒部分〔直径六〇メートル、高さ二一メートル〕が乗っており、表面にはペペリーノ凝灰岩〔ローマ近郊マリーノ産、灰色〕やトラヴァーチン大理石〔ティヴォリ産、クリーム色〕などが張られている。遺骨の埋納室へは螺旋状の回廊が通じている。頂上にある四角形の構造物は樹木が植えられた土墳を支えており、その中央の塔の頂には、四頭立ての二輪戦車に乗ったハドリアヌスの青銅像が飾られていた。この墓廟は、まずアウレリアヌス市壁〔四〇三年〕、中世になるとサンタンジェロ城に組みこまれた。

（1）木造・石積み・煉瓦積みなどの型枠壁のあいだに、砕石とモルタルを混ぜたものを流し込んでつくった構造。

4 ハドリアヌスの別荘

あらゆる美術品が集められていたハドリアヌスの別荘（追加図版Ⅲ参照）は、奇抜であるがゆえに、とくに詳述に値する。首都の喧騒から隔絶した地点（二八キロメートル）にあって、地形・噴水・植栽によって絵のように美しい敷地内に、いまなお巨大な建造物が、一見雑然とした状態で、約一二〇ヘクタールの面積のほぼ半分以上を占めている。これらの建造物は、地山を活用していると同時に、大量に盛土をすることによって地形を変更している。

ハドリアヌスの別荘は、この地に建てられていた紀元前一世紀の別荘を改良したものである。もとの別荘は皇帝の財産（もともとサビヌス家〔皇妃の出自〕の財産）であり、その遺構はG・ルッリによって特定されている。この別荘は三〇程度に集約できる建物群から構成されており、これら建物群がわざと秩序なく配置されている。いくつかある対称軸は土地の高度や景観と関係していて、主たる軸線の接合点を認めることができる。

一般にその存在はあまり知られていないが、地下には連絡網が張りめぐらされている。車輌が通れるものもあれば、人しか通れないものもあり、車輌置き場・厩舎・ティブル街道へ通じている。さらに、建造物同士が地下回廊で結ばれていたことは、建造にあたって統一した考え方があったことを物語っている。

建造年代は、広く使われていた煉瓦の刻印《ボッリ》によって解明された。ここで細部に立ち入ることはできないが、治世当初から「手直し」と修復を重ねながら、二段階で建造された（一一八～一二五年、一二五～

一三三年)。もちろん、ここで認められるのが、古典的な「空間の階層性」であり、ローマ建築のモジュール、すなわち、柱廊と地下回廊、水盤とニュンファエウム[1](庭園と関連して、いたるところに水があり、こんにちその構造が明らかになっている)である。すべてが、多様性と巧妙な技術を考慮して造られていることは明らかだ。もちろん屋根組み(ヴォールトまたは小屋組み、青天井の部屋)の復元には、いくつかの問題が残っている。

(1) もともとニンフに捧げられた水が流れている洞穴。のちに、人工的な噴水をともなった記念建造物を指すようになった。

各部屋の用途は、建築構造(技術、資材の価額)や変化に富んだ豪華な装飾(高尚なモザイク床、大理石の象嵌細工、部屋の用途に適した題材の帯状装飾(レリーフ)や浅浮き彫り)に基づいて提案されている。異論が出ているものもある(たとえば、「哲学者の部屋」の東南にある丸天井の部屋は、サンルーム(ヘリオカミヌス)か、サウナ室か)。

最も見事な建造物は、おそらく、プランが放射状の「海の劇場《テアトロ・マリーティモ》」(直径四四メートル)であろう。玄関ホール、ヴォールトが架けられた指輪状の円形柱廊(幅四メートル)、木製の可動橋で渡れる水路(幅四メートル)があり、中央の島には、四隅の柱と八本の円柱で飾られた東屋《あずまや》がある小さな別荘らしきものが認められる。この建造物全体の解釈は確定していない。ロマンチックな道楽者の休息の場なのか、はたまた厳重に警備された執務室(皇帝示現の環境)なのか。H・スティルランはウァロの飼鳥園と比較すべきだとし、宇宙規模の象徴主義を反映している可能性がある、と提案した。すなわち、池《エウリポス》に囲まれた島は、たんなる水泳施設《ナタティオ》ではなくて、大洋に囲まれた円盤状の陸地なのかもしれない。

その近くにあるのが、皇帝礼拝の聖所が併設された「ホスピタリア(客用宿泊施設)」と呼ばれている近衛兵の宿舎、「図書室の中庭」、ニュンファエウムのある柱廊で囲まれたペリステュリウムであ

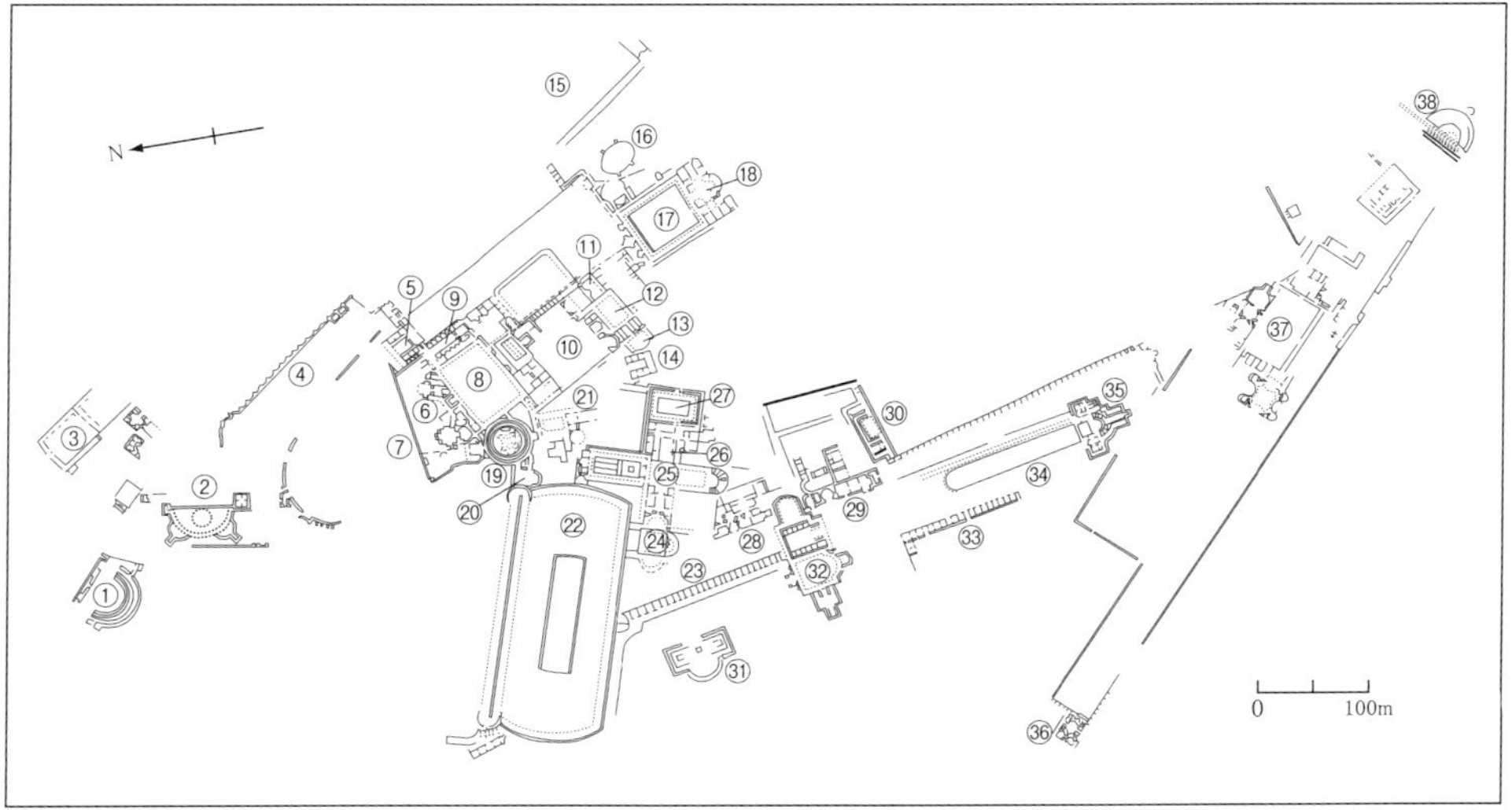

追加図版Ⅲ　ハドリアヌスの別荘

① ギリシア劇場　② ウェヌス神殿　③ 体育場　④ テンペの高台　⑤ 皇帝の食堂　⑥ ラテン語図書室　⑦ ギリシア語図書室
⑧ 図書室の中庭　⑨ ホスピタリア　⑩ 皇帝の宮殿　⑪ ニュンファエウム　⑫ ドーリア式付け柱がある部屋　⑬ 玉座の間
⑭ 夜警消防隊の兵舎　⑮ 競技場　⑯ 円形闘技場　⑰ 黄金広場　⑱ ニュンファエウム　⑲ 海の劇場　⑳ 哲学者の部屋
㉑ ヘリオカミヌス　㉒ ポイキレ　㉓ 百の小部屋　㉔ 三つのエクセドラのある建物　㉕ ニュンファエウム　㉖ 冬の宮殿
㉗ 養魚池　㉘ 小浴場　㉙ 大浴場　㉚ 幕営（倉庫）　㉛ アンティノエイオン　㉜ 玄関　㉝ 商店　㉞ カノポス
㉟ セラピス神殿　㊱ ロッカブルナ塔　㊲ アカデミア　㊳ オデオン

る。ギリシア語とラテン語の「図書室」といわれている数階建ての塔は、柱廊で連絡されているが、H・スティルランによると、ラテン語とギリシア語書簡担当官《アブ・エピストゥリス・ラティニス・エト・グラエキス》の事務所とされている。

「皇帝の宮殿」は、夜警消防隊の兵舎の近くにあり、いくつかの部屋で構成されている。その一つ「ドーリア式の付け柱《ピラスター》がある部屋」は、一種のバシリカであり、ここからいわゆる「玉座の間」へ通じる。

この南東には「黄金広場《ピアッツァ・ドーロ》」がある。これは広い中庭（四六×三七メートル）で、四方が二重の柱廊で縁取られており、大きな池《エウリポス》が基軸となっていて、東南端にニュンファエウムがある。

「海の劇場《テアトロ・マリーテイモ》」からは、「哲学者の部屋」――王の宮殿《アウラ・レギア》か、壁に棚があることから考えて図書室か――を通って、「ポイキレ」にいたる。ポイキレという名称は「ストア・ポイキレ」（古典期のアテナイのアゴラ北部にあった「彩色柱廊」）に基づく。この屋根つきの遊歩道（二三二×九七メートル）は、大規模な下部構造――職員の宿舎である「一〇〇の小部屋《チェント・カメレッレ》」――のうえに築かれており、中央には四方が二重の柱廊で縁どられた池《エウリポス》（一一〇×二五メートル）がある。スティルランは、これを戦車競技場であるとし、池を、馬が周囲を走り回る牆壁《スピナ》と考える。

ポイキレの南方には、三つのエクセドラ(1)をもつ建物があり、公式の宴会場と考えられている。その東には、ニュンファエウム、そしてコリントス式の柱廊に囲まれた大きな養魚池があり、その地下には採光窓のある回廊が設けられている。

（1）広場や公園に設けられた、半円形の外側へ張り出た建造物。

豪華な装飾が施された小浴場は皇帝やその側近が使う浴場であるが、「幕営《プラエトリオ》」（実際には倉庫と思われる）の近くにある大浴場（一一八～一二一年）は職員用の浴場にちがいない。二つの浴場施設には、ローマの浴場に見られる古典的な部屋があるし、見事なヴォールトが認められる。

特別の地位を占めているのが、カノポスとセラピス神殿である。アウグストゥス帝によるエジプト併合以来、ナイル川の情景はローマの造園家の着想に強い影響を与えた。ティヴォリで重要なのは、異国情緒あふれる絵画のごとき美しさだけではなくて、ハドリアヌスとアンティノウスに係わる政治的・宗教的な神秘的神学である。このカノポスはアレクサンドレイアとカノポス地域〔アレクサンドリア北東二二キロメートル〕を結んでいた運河を想起させる。それは改造された谷間である（東側には扶壁、西側には三階建ての商店（現在、博物館）がある）。一一九×一八メートルの水路は、北側は丸くなっていて、周囲に彫刻が飾られている。四柱の女柱像《カリアティード》（アテナイのアクロポリスのエレクテイオンにある女柱像のコピー）、二柱のシレヌス、ナイル川とテヴェレ川の擬人像、鰐《わに》、アレス、アテナ、ヘルメス、ポリュクレイトス作とフェイディアス作のアマゾンの模刻、岩礁《スキュッラ》の怪物の群像が置かれている。この谷間の南端には、半円形の大きなニュンファエウムがリブつきのヴォールトで建造されており、噴水には水道水が供給されていて、セラピス神殿の夏期の食堂《ケナティオ》となっている。そこでオシリス＝アピスの日の出の文化儀式が演出されていた。豪華な装飾が再現され、アンティノウス＝オシリス、イシス、ハルポクラテス〔オシリスとイシスの子〕の像が並べられていた。[1] この建物はまさに、ナイル川の増水で浸水したエジプトを表現していた。

（1）これら、カノポスとセラピス神殿から出土した彫刻はヴァティカン美術館に展示されている。

これらに加えて、ギリシア式劇場、その近くにある体育場《パラエストラ》とウェヌス神殿（エクセドラのなかにある円形神殿）、テッサリア地方の名所に因んで名づけられた深い小谷を臨む「テンペの高台《テラス》」、競技場、現在ローマのピンチョ丘にあるオベリスクが建っていたアンティノウスの墓所[1]、別荘の全景を眺望することができ、風景を楽しむことができるロッカブルナ塔がある。庭園や池を具えた建造物群の多くは、外部に向かって閉じた構造になっている。そのほか保存状態の良くないアカデミア地区（アポロン神殿、ペリステュリウム、泉水、音楽堂）がある。

（1）二〇〇二〜二〇〇四年の発掘でアンティノウスの墓・神殿と考えられる神域（アンティノエイオン）が確認された（地図Ⅲ参照）。問題のオベリスクは、二基の神殿の中央に建っていたと考えられている。

この別荘は次の二つのことを反映している。

――ローマ建築の新しい傾向。すなわち、遠近法や眺望に関心を払いつつも、対称性を拒否し、豪華さと快適さを追及して、建物の向きを多様化し、水（建築軸または接合点を決めるのに役立つ噴水）をふんだんに使って、建築と対照的に庭園を配置する傾向。

――おそらく、繊細で、つねに満足できず、精神を集中しようとしているが、贅沢を貪っている知識人という皇帝自身の個性。


技術面では、細部で注目すべき点が多い。ローマの伝統的要素（柱廊など）が独創的手法で使われている。どの建物も個別の問題を解決している。空間の奔放な解釈、それに総体を軽くしようとする配慮――円柱上のアーチ型構造物や各種のヴォールト（半円筒ヴォールト、ペンデンティブ[1]がついた交差ヴォールト、東屋型の軽量のヴォールト、柱廊に対するテラス型の屋根、リブか格間がつけられた丸天井、交互に凹面または平面となった半丸天井）上にアーチ型構造物を使うことによる軽量化――がそれだ。斬新な対照の効果を多く使った曲線状の建築が大成功を収めたのである。

（1）ドームを築くための方形空間の四隅に築かれた三角形状の球面壁体。

結局、ハドリアヌスの別荘をどう解釈すべきなのであろうか。皇帝が旅行の追憶（たとえば、ポイキレ、テンペ谷、カノポス地域）をミニチュアの形で建設した「想い出の地」と考えられてきた。しかし、これらの名所を縮小した形で再現することは重要ではなかったのかもしれない。こんにちでは、皇帝の視察旅行は観光旅行ではなく、軍事的・政治的意味合いをもっていたと考えられているからだ。

幾年もかけた工事、巨額の投資を必要とした別荘そのものに政治的意味があった。ハドリアヌスの別荘は体制の変革を具現しており、そのための道具であった。当時、この自給自足可能な施設で数千人の職員が暮らすことができた。ルイ十四世のヴェルサイユ宮殿と比較することが不可欠だ。他方、ハドリアヌスは、質素な生活を好んでいたので、一般大衆の雑音や元老院の圧力から隔離され、自律した形で生活し、仕事をしようとしていた。しかし、別荘のほうは贅沢のかぎりを尽くしていたため、訪問者は、ローマの権勢に直面して、賞賛と畏敬の念を覚えたにちがいない。スティルランのように、さらに踏込んで、「海の劇場《テアトロ・マリーティモ》」が示す神殿様式――絶対的で、すでに太陽のごとき王政の象徴――を強調することもできよう。同じように、地中海の名所を示唆していることは象徴の次元の問題である。この別荘は、ハドリアヌス治世の統合主義、中央と周辺地域の均質化を表現することによって、世界を縮尺した小世界を現出しようとしている。別荘全体を皇帝礼拝の示現と説明するのは無謀だとしても、ここに象徴主義が認められることは明らかだ。

ハドリアヌスの別荘は、まさに建築の展示場である。帝国の多様性と統一性を反映しており、数多くの美術品を後世に伝えた。ほぼ三〇〇体の立像や肖像、モザイク、化粧板、スタッコの装飾は、教皇や枢機卿のコレクションに収められたあと、全世界の博物館で展示されている。「架空の博物館」という呼称は、いまなお妥当する。

この別荘は三世紀末まで改造がつづけられ、そのあと蛮族の略奪にさらされて、石切り場として使われたあと、ルネサンスの建築家・古物商・人文主義者（たとえば、ピッロ・リゴーリオ）の関心を惹き、バロック美術に大きな影響を与えた。エステ家の別荘《ヴィッラ・デステ》〔在・ティヴォリ〕を建設するという発想は、この遺跡から生まれた。ハドリアヌスの別荘は、美しい樹木（松、糸杉、オリーブ）の緑陰に恵まれた大庭園のなかにある。そこでは、一九五〇年以来、ふたたび組織的な発掘が進められている――いまだに新発見も多い――、だが、ここはやはり散策の場であり、おおいに想像力をかきたててくれる思索の場である。

5　大造営工事

ハドリアヌス自身、建築に造詣が深く、視察旅行には建物を設計ができる技術者を伴っていたので、威信高揚のためだけでなく、経済的・美的観点からも、大規模な公共工事を実施した。

――道路の改修と開設。たとえば、ナイル川と紅海に、「間隔を置いて、給水地点、駅、小さな砦を整備した」（OGIS、二、七〇一）道路の開設（一三七年二月二十五日）。このような工事は公共輸送《クルスス・プブリクス》の改革（多数の里程標の設置）と関係があり、元首金庫から資金が支出されることもあった。たとえば、アッピウス街道のある区間の工事費は、元首金庫が三分の二、街道に隣接した土地の所有者が残額を負担した。ローマ市でも、ウァティカヌス地区〔ヴァティカン地区〕の道路（アエリウス橋と墓廟の建造と関連があるコルネリウス通りと凱旋通り）が改修された。

――アウェンティクム〔現アヴァンシュ〕の運河開通（シルウァヌスとネプトゥヌスと関係がある彫像の台座）、フキヌス湖〔現フチーノ平野〕の干拓。

――港湾施設の整備（バタヴィア族の都市フォルム・ハドリアニ〔現フォールブルフ・アレンツブルフ〕、サン・カスタルド〔レッチェ東方の港〕、トラペズス（アッリアノスに基づく）、エフェソス（港の浚渫工事）、ビュブロス）、およびテヴェレ川河岸の修復工事。

――記念建造物の泉水〔デルフォイ〕、および水道の建設〔デウァ、リーヴ・ドゥ・ジエ〔在・仏ロワール県〕アクアエ・フラウィアエ〔現シャベシュ〕〕、キングルム〔現チンゴリ〕〕、ガビイ、サルミゼゲトゥサ、ドュッラキウム〔現ドゥラス〕〕、コパイス湖〔在・ボイオティア地方〕〕、ペンテリコン山、コリントス、アルゴス、ビュザンティオン、アンティオケイア、カエサレア・マリティマ、カルタゴ〔ザグアン山からの導水〕〕。

――どの君主にも古典的な誘惑であった都市の創建。すなわち、ミュシア地方のハドリアヌステライ〔狩猟を記念して建設〕、ハドリアネイアとハドリアノイ、イェルサレムのアエリア・カピトリナ〔退役兵用の植民市〕、エジプトのアンティノオポリス〔一三〇年創建、幾何学的プランをもち、アテナイと同じように、神々や皇帝家のメンバーの名前がつけられたデモスやトリブスに区分されていた〕。それに、バタヴィア族の居住都市フォルム・ハドリアニの拡張、属州キュレナイカのハドリアノポリスの再編成。

碑文がハドリアヌスを創建者〔クティステス、オイキステス〕と呼んでいても、都市を美化しただけの場合〔ストラトニケイア・ハドリアノポリス〕や、地震の被害を受けた都市を再建した場合〔キュジコス、ニカエア、ニコメディア〕があるので、惑わされてはならない。

ハドリアヌス治世の大造営事業一覧〔地名は、原著のアルファベット順から、ほぼ英国より地中海を時計回りにまわる順に変更した〕

①ローマ市〔年代の推定は、刻印・碑文・テクスト・様式に基づく〕

ハドリアヌスの墓廟の建造（一二三～一三九年）とアエリウス橋の建設（一三四年以前）。ローマ市域《ポメリウム》の設定し直し〔新しい境界石の設置、一二一年〕。平和の祭壇《アラ・パキス》の牆壁の構築（一二三年以降）(1)。万神殿《パンテオン》（一一八～一二五年）とそれに関連するさまざまな建造物。アグリッパ共同浴場の修復。マティディア神殿

追加図版Ⅳ　マルスの野の北部（ハドリアヌス時代末期）

①アウグストゥスの霊廟
②アウグストゥスの火葬場
③ハドリアヌスの墓廟
④アエリウス橋
⑤アウグストゥスの日時計
⑥ローマ市域の新境界石
⑦市場
⑧日時計の指時針
⑨平和の祭壇
⑩ポルトガッロ門
⑪集合住宅
⑫ドミテイアヌス競馬場
⑬ネロ浴場
⑭マティディア神殿
⑮ハドリアヌス神殿
⑯クラウディウス記念門
⑰オデオン
⑱人口池
⑲万神殿
⑳アグリッパ共同浴場
㉑投票所
㉒ヤヌス門
㉓イシス・セラピス神殿
㉔ミネルウァ・カルキディカ神殿
㉕皇帝たちの神殿
㉖倉庫
㉗ポンペイウス劇場
㉘ラルゴ・アルジェンティーナ

（一一九～一二一年）。マティディアとマルキアナのバシリカ〔マティディア神殿にあったとされる〕。ミネルヴァ・カルキディカ神殿近くのヤヌス門の建設（一二三年以後）。投票所《サエプタ・ユリア》の修復。神君たち《ディウォルム》(2)の神殿の修復（一二六年以前）。サン・ロレンツオ・イン・ルチナ教会近くの市場の建設。ガッレリア・コロンナ〔コロンナ広場の東〕の地下に遺る集合住宅《インスラ》。倉庫の拡張。ラタ通りの拡幅（以上、追加図版Ⅳ参照）。小アウェンティヌス丘〔サン・サバ教会の南西〕のハドリアヌスの個人住宅（プリウァタ・ハドリアニ）の建設。サント・オモボノ神殿の改修。パラティヌス丘にあるティベリウスの宮殿《ドムス・ティベリアナ》北西の外面《ファサード》の再建（一二五年以降）。「ドミティアヌスの正面玄関《ウェスティブルム》」の改築（一二五年以降）。ドムス・アウグスタナの一部改築（一二六～一三二年、ユピテルの食堂〔ケナティオ・ヨウィス〕）。戦車競技場の改築。アドナエア〔パラティヌス丘の北東角〕にアンティノウスの墓所（？）の建造。「ウェヌスと女神ローマの神殿」（一二一～一四一年）とその柱廊の建設。ネロの巨像《コロッスス》の移設とその太陽神《ソル》への奉献（一二一～一三八年）。フォルム・ロマヌムにあるウェスタ女神官の家〔ラレス神の聖所〕の工事。フォルムとパラティヌス丘のあいだにある商店街の改築。「アウグストゥスのフォルム」の修復（一三〇年以降、マルス・ウルトル神殿）。神君トラヤヌスとプロティナの神殿（一一八～一二八年）とその付近の柱廊の建設。「運動競技選手と優勝者の団体」(3)と芸人団体の本部の建設。ラテン語とギリシア語教育のためのアテナエウムの建設（？）（一三四年）。卜占場《アウグラトリウム》の修復（一三六年）。ボナ・デアの社《やしろ》〔在・アウェンティヌス丘〕の修復。コンスタンティヌス凱旋門に使われている大型メダリオン〔円形の浮き彫り装飾〕で装飾されていたと考えられる記念建造物。コンセルヴァトーリ美術館の帯状装飾《レリーフ》〔後述〕で飾られていた記念建造物。《即位二十年記念祭《ウィケンナリア》の帯状装飾》〔ウフィッツィー美術館蔵〕で装飾されていたと考えられる記念建造物。《チャッツワースの帯状装飾》で飾られていたと考えられる記念建造物。おそらくカエリウス丘の皇帝の奴隷近習養成所《ペダゴギウム》〔コロッセオ南方五〇〇メートル〕と思われる建物の建設。

剣闘士養成所《ルドゥス・マグヌス》と大競技場《コロッセウム》の修復。サッルスティウス庭園の館の建設（一二六年以降）。

（1）テヴェレ川の氾濫などで「平和の祭壇」一帯の地面が高くなっており、ハドリアヌスの時代に約三メートルの盛土をした。このとき、祭壇の周囲に牆壁がめぐらされ、祭壇の正面開口部へは、階段を下りて入ることになった。

（2）父のウェスパシアヌス帝と兄のティトゥス帝を祀るために、ドミティアヌス帝がウィラ・プブリカの跡地に建造した神殿。

（3）一三四年、ハドリアヌスは、「運動競技選手と優勝者の団体」の本部のローマ移設を承認したが、その本部がトラヤヌス共同浴場の近くに置かれたのは、次皇帝の時代のこととされている。

② ローマ近郊

ティヴォリ――ハドリアヌスの別荘については、前述。

オスティア――フォルムと新しいカピトリウム神殿の整備（神殿は柱廊に囲まれていて、その煉瓦の巨大な構築物（三五×一五・五メートル）が現存する。こんにち大理石板は剥がれてしまっているが、装飾がいくつか遺っている。神殿は前柱廊式の前面六柱式で、縦条が彫られたパヴォナッツェット大理石(1)の円柱。巨大な階段を昇ると玄関柱廊（プロナオス）と三つの壁龕がある神室（ナオス）に通じる。神殿の前方には大理石の祭壇があり、武器を表現した帯状装飾が遺っている）。セラピス神殿。夜警消防隊の兵舎。ネプトゥヌス共同浴場（ハドリアヌス治世末期、おそらく皇帝がオスティアの二人官に任命されたとき、この浴場建設に四〇〇万セステルティウスを支出して建設。美しいモザイク〔後述〕がある）。七賢人の共同浴場（狩の情景のモザイク、植物の多色モザイク）。オスティアでとくに注目すべきは、フォルム北部の「碁盤目状のプラン」（とくに一一九～一二〇年に整備されたカルド・マクシムス周辺の倉庫地区）、家屋と公園からなる南西部の住宅地区（この地区の周囲には、「詩神の家」、「黄色壁の家」、「グラフィティの家」と呼ばれる集合住宅がある。一二八年頃建造）、市の中央部にあり、商店がなく、騒音や人の往来から隔離された二つの長方形の街区（各街区はそれぞれ屋根のある通路によって、上階をもつ二×二メートルの住戸に分割され、住戸毎に階段があり、フレスコ画とモザイクの装飾がある）。

（1）スミレ色の網目が入っていて、岩石片でできたように見える白色の石灰石。古代にきわめて珍重され、トルコのシュフト産が有名。

③イタリアの都市

つぎの都市における公共事業。コムム〔現コモ〕、アドリア、アエクィクリ〔アルバ・フーチェンス北西〕、アルティヌム〔現アルティーノ〕、ケントゥムケッラエ〔現チヴィタヴェッキア〕（タウリ共同浴場）、カストリモエニア〔在・ラティウム地方〕、アリキア、ネミ、ラヌウィウム（神殿）、アンティウム（神殿の修復）、カプア（現サンタ・マリア・カプア・ウェテレ）（劇場）、バイアエ〔現バイア〕（共同浴場）、ネアポリス〔現ナポリ〕、アエクラヌム、クプラ・マリティマ、ファブラテリア・ウェテラ〔現チェッカーノ、地震後の修復〕、フィルムム〔現フェルモ〕（劇場の修復）、シュバリス（橋）。

④ギリシアとその島嶼

アテナイでは、ヘラとゼウス・オリュンペイオン神殿とハドリアヌス門の建造、ディオニュソス劇場の修復、図書館と体育場の建造、ハドリアノポリスというその名に値する新都市の創建[1]、ケフィソス川への架橋。デルフォイのアポロン聖所の修復（この功により、称号ピュティオス〔「デルフォイの」の意〕が与えられた）。エラティアのアポロン神殿の建造。エレウシス神殿の修復。マンティネイアのネプトゥヌス神殿の再建。メガラの道路建設。ネメアの競馬場の修復。

（1）ハドリアヌス門の西面には、「これはアテナイ、かつてのテセウスの都市」、東面には「これがハドリアヌスの都市、テセウスの都市にあらず」という銘文が記されてはいるが、門の東側には新しい都市も町並みも発見されておらず、新しい都市の建設は疑わしいとされる。

⑤バルカン半島

デュッラキウム（水道、図書館、神殿二基）。サロニカ（ユピテル神殿）。ストビ（劇場）。

⑥小アジアとシリア（C・C・ヴェルメルに基づく。重要な遺跡に限定）

キュジコス（一二三年の地震後、ハドリアヌスが神殿を修復。一二四年に訪問）。アエザニ〔現アイザノイ〕（ゼウス神殿）。ペルガモン（アスクレピオスの聖所〔世界七不思議の一つ〕、トラヤヌス神殿の三方を囲む列柱）。スミュルナ（ハドリアヌス神殿、列柱、穀物市場、体育場）。テオス（ディオニュソス神殿）。エフェソス（アルテミス神殿と港）。アフロディシアス（共同浴場）。レトゥーン（ニュンファエウム）。ペルゲ（列柱通りとニュンファエウム）。シデ（神殿）。アンティオケイア（水道、共同浴場、トラヤヌスに捧げた小神殿）。パルミラ（ハドリアナと改称。列柱のある道路、アゴラ、劇場）。ベリュトス〔現ベイルート〕（ギリシア語・ラテン語図書館）。ゲラサ（訪問時の記念門）。イェルサレム（ゼウス神殿）。

⑦エジプト

アレクサンドレイア（神殿の修復と建設）。アンティノオポリス（都市の創建）。ルクソール（小イシス神殿〔一二七年〕、セラピス神殿）。

⑧キュレナイカ

キュレネ（カピトリウム神殿）。ハドリアノポリス（現ドリアナ）の創建。

⑨北アフリカ

レプティス・マグナ（公共施設）。ゲメッラエ（軍団駐屯施設）。ランバエシス（属州総督公邸）。サラ（カピトリウム神殿）。

⑩ヒスパニア

タッラコ（アウグストゥス神殿の修復）。エメリタ（劇場の修復）。イタリカ（水道、新都市計画）。ガデス（一一四五年に解体された塔）。

⑪ガリア

ルグドゥヌム（劇場の拡張、音楽堂の建設、ガリア連合の聖所〔おそらく属州の神殿〕の修復。ネマウスス〔現ニーム〕（プロティナのバシリカ建設、水の聖所の整備）。

⑫ブリタンニア

ハドリアヌスの防壁。ウェルラミウム〔現ロクセター〕の新都市計画。コルチェスター近くのゴスベック神殿。

⑬下部ゲルマニア

フォルム・ハドリアニ〔バタヴィア族の居住都市〕の創建。

⑭ドナウ川周辺

アグントゥム（市壁の構築）。ゴルシウム〔カピトリウム神殿〕。ニコポリス・アド・イストルム（アゴラ、共同浴場）。

6　彫刻

とくにギリシア彫刻の模刻、装飾用の彫刻が数多く制作された。制作したのは、アテナイにある新アッティカ派の工房、それにアフロディシアス〔在・小アジア〕の彫刻工房やそのローマ市の出先（クィリナリス丘にあるディオスクリ像はこの出先の制作）である。ハドリアヌスは、自分の別荘を飾るために多数の工人を雇った。とくに古典主義の傾向をもつ折衷派の彫刻家や古典期のギリシア彫刻を模刻する工人を雇った。彼らの手口の例を挙げておくと、カラミス作の子供像を模刻したアテナイの《オリュンペイオンの子供像》、アルカメネス作《ヘファイストス》のアテナイでの模刻、アルカメネスの別の作品を模刻したハドリアヌスの別荘の《ヘカテ》。フェイディアスの《アテナ・アレイア》から着想された《メディチのトルソ》〔ルーヴル美術館所蔵〕。ハドリアヌスの別荘のカノポスにあるポリュクレイトスやフェイディアス風のアマゾン像。同別荘の《クニドスのアフロディテ》の模刻、《スコパスのポトス》〔憧れの擬人化〕の模刻二体〔カピトリーノ美術館所蔵〕。

一連の肖像（胸像または立像）は、エトルリア・ローマの伝統を受けついでいるが、理想化することによって写実主義が緩和されている。

ハドリアヌスの肖像は二〇〇体以上が知られている。そのうち一五〇体は古代の作品であり（ルーヴル美術館は七体を収蔵）、この治世の重要なイベントの際に制作された肖像もある。これらの作品を通して、皇帝の老いゆく姿を追跡することができる。三度目の執政官職への就任（一一九年）、「国父《パテル・パトリアエ》」の肩書きの授与（一二八年）、即位二十年記念祭《ウィケンナリア》の開催（一三七年）、視察旅行などとの関係で、八〜九種の類型に区分できる。ローマの市民服《トガ》を着た姿、ギリシアのマントを着けた姿、裸体の半神像がある。神々の立像の影響を受けていることは明らかだ。逝去後に制作された作品はハドリアヌスやアントニヌス・ピウスの表情の出来映えが「良くない」。鎧姿の立像は軍備を整備したうえで推進した和平路線を象徴している。イスラエルで発見された、鎧を着けたハドリアヌスの青銅像〔イスラエル美術館蔵〕は、ユダヤ人に対する勝利を記念しているにちがいない。しかし、そのハドリアヌスの鎧の胸に描かれている戦闘場面はトロイア〔アエネアス〕伝説を示唆しているようであり、それは、ハドリアヌスをローマの創建者ロムルス〔アエネアスの子孫〕（参考・ロンドンのアウレウス銀貨の銘「創建者ロムルスに」（ロムロ・コンディトリ〕）や初代皇帝アウグストゥス〔アエネアスの子ユルスを通じてアエネアスに連なると主張〕と同一視していることを示しているが、またそれを描くことによって、トロイア人とラテン人のあいだに生まれた協和《コンコルディア》がローマ人とユダヤ人とのあいだにも生まれることを告知していると思われる。

ハドリアヌスはギリシア風の顎髭《あごひげ》（古典期のギリシア人や哲学者の顎鬚）やオリエント流の顎鬚をはやらせた。これらは蛮族であるゲルマン人の顎髭（穿孔錐で加工）を想い起させるし、市井の人もこの顎髭をまねたので、ことさら混乱を招くことになった。

ハドリアヌスを取りまく人物の像としては、冷ややかな気品を発散しているサビナの肖像が遺っており、新しいヘラ、「豊饒の角《コルヌコピア》」をもつケレス、運命の女神、それにウェヌス〔配偶神たる英雄神マルスとともに〕の姿で表現されている。ハドリアヌスの髪型は流行の旋風を巻きおこした。最近、トゥーロン港〔在・南仏〕で発見された難破船からは皇帝の肖像の頭部が発見されている。

アンティノウスの肖像は、きわめて多く遺っており、紀元前四世紀の典型的な男性美を模していて、こんにちでは、かなり画一的なマニエリスムの作品に見える。《モンドラゴーネのアンティノウス》（一四〇年頃）〔ルーヴル美術館蔵〕を記憶に留めておこう。これは実物よりも大きな作品であり、金と象牙で肖像を作る伝統があるなか、いくつかの素材を用いて折衷様式で制作された、この世のものとは思えぬほど様式化された作品である。アンティノウスの肖像は、半神とされるか、神格化されて、アポロン、アリスタイオス〔アポロンとキュレネの子、狩猟、農業・畜産の神〕、ディオニュソス、ヘラクレス、オシリスとして表現された。土葬が普及するにともない、主題を神話からとった最古の石棺《サルコファグス》がハドリアヌス時代の富裕な解放奴隷のためにアッティカ地方の工房で制作された。

歴史を表現した浅浮き彫りはローマ特有のものであり、数多く遺っている。ダキア戦争を称揚する、トラヤヌスの記念柱の「写真のフィルムのように螺旋状に彫られた絵巻物」のごとき彫刻の発想は、トラヤヌスの『覚書《コンメンタリイ》』に基づいているとしても、ベネウェントゥムの記念門の羽目板（イタリアのアリメンタ制度、市民服（トガ）姿のイタリア商人、パルティア戦争の唯一の情景、メソポタミア併合の引喩）は、同じ題材を扱っているように見えるが、実際には、平和路線へ方針転換したハドリアヌスの政策を表現している（トラヤヌスが逝去したとき、記念門は建設中であった）。「この記念門は、当初トラヤヌスの征服を賛美することを目的としていたが、結局、後継者ハドリアヌスの正統性と平和に対する意欲を表現することになった」（P・ヴェンヌ）。

さらにつぎの彫刻を挙げておくべきだろう。

――アリメンタ制度と公的負債帳簿の焼却を描いた二枚の帯状装飾《レリーフ》「（一一八〜一二〇年頃）〔フォーロ・ロマーノにある元老院議事堂に展示〕。

――コンスタンティヌスの凱旋門を飾る八枚の大型メダリオン（一三〇〜一四〇年頃）。おそらく、のちにエラガバルス神に捧げられた神殿〔在・アドナエア〕のまえに建っていた三門式の記念門のものであろう。ギリシアの英雄やアレクサンドロス風の勇壮な狩猟のテーマ（狩りへの出発、シルウァヌスに対する供犠、熊狩り、アポロンに対する供犠、ライオン狩り、ヘルクレスに対する供犠）は蛮族に対する戦闘のテーマに変更されており、ハドリアヌスの肖像はコンスタンティヌス一世とリキニウス（もしくはコンスタンティウス・クロルス）[1]の肖像に差し替えられている。

（1）東の正帝ガレリウス帝が三一一年に没したあと、リキニウスはコンスタンティヌス（のちの大帝）と組んでマクセンティウスとマクシミヌス・ダイアと対抗し、三一二年のコンスタンティヌスのローマに侵攻を可能にした。コンスタンティウス・クロルスはコンスタンティヌスの父。

——ローマのコンセルヴァトーリ美術館の帯状装飾《レリーフ》。すなわち皇帝がローマの民衆のまえで行なった演説を表現した《ハドリアヌスの演説《アドロクテイオ》》（一三四〜一三五年頃）と《サビナの神格化》（一三六〜一四〇年頃）である。これらの彫刻は、一六六二年に取り壊された「ポルトガッロ記念門」[1]に再利用されていたものかもしれない。

（1）コルソ通りに建っていた記念門（追加図版Ⅳ参照）。一六六二年、教皇アレクサンデル七世の命により、この通りを拡幅するとき解体された。

——即位二十年記念祭《ウィケンナリア》の浅浮き彫りは、一三七年に制作されたものかもしれない。

——エフェソスの帯状装飾《レリーフ》（ウィーン美術館蔵）〔五九頁参照〕は、後継者問題——アントニヌス・ピウスの、マルクス・アウレリウスとルキウス・ウェルスとの養子縁組——と関係がある。

7　絵画

絵画はとくにギリシア文化圏の画家や工房によって描かれ、その種類は多岐にわたる。絵画の例は、ウァティカヌス地区の競技場《アド・キルクム》の側のネクロポリスにある墓や、各種の建物、とくにオスティアの建物（高水準の壁面装飾あり）で見ることができる。ふたたびローマ・ヘレニズム時代の伝統的なテーマが採用され、当時の好みに適合される。色彩の強弱、地味かつ優雅な方法によって、光と透明の効果を追求している。その例として、オスティアの二つの例を挙げることができる。

——「ガニュメデスの家」の《ヘスペリデスのもとにいるヘルクレス》。コンポジションは古典主義的で、新アッティカ流の帯状装飾の折衷主義を示しており、古典期やヘレニズム期のモチーフや図案を融合している。すなわち、従前の英雄の偉業というモチーフは、恋愛のモチーフに変更される。

——「詩芸の女神《ムーサ》の家」。ここでは、仮想の建築のなかに、彫刻ではなくて絵画に替えられた優雅な人物像が明暗法《キアロスクーロ》の効果でもって背景にくっきりと浮かびあがっている。

オスティアの「絵のある丸天井の家」と呼ばれている集合住宅《インスラ》にも、この時代のフレスコ画が描かれている。

8　モザイク

神話または写実主義の題材を表現したモザイク作品が数多く遺っており、こんにち、ますますその目録が充実しつつある。モザイクは、一般的にいってイタリアでは黒白のままであるが、アフリカや東方では多色モザイクが好まれる。

特筆すべきは、オスティアのネプトゥヌス共同浴場にある巨大な絨毯《じゅうたん》のごときモザイク《ネプトゥヌスの凱旋》であろう。構成といい、躍動感といい見事である。ネプトゥヌスが海馬《ヒッポカンポス》の牽く四頭立て二輪戦車に乗り、イルカにまたがったキューピッド、海の怪物に乗った海のニンフ《ネレイデス》たちやトリトンを従えている。その隣の部屋を飾っているのは、《アンフィトリテ〔海の女神〕の行列》である。多色モザイクの《取っ手つきの大杯《カンタロス》から水を飲む鳩》〔ハドリアヌスの別荘出土、カピトリーノ美術館蔵〕は、絵画をまねしたオプス・ウェルミクラトゥム〔微細な色石を並べて制作する手法〕であり、ヘレニズム時代のソソスの絵画に基づいて制作された。そのほかの傑作としては、《ケンタウロスと猛獣》〔ハドリアヌスの別荘出土、ベルリンのペルガモン美術館蔵〕がある。

9　コインの芸術

コインの芸術の進展により、コインの鋳造が増えた。多くのコインには、皇帝の政策を示した銘がつけられている。とくに、施与（コリントスではマルシュアス[1]が免税を象徴）や祭礼（椰子の葉、アンフォラ、王冠）をともなった視察旅行の際に発行されたコインでは、そうなっている。コインによる宣伝は、次のような大方針を示している。平和――世界の再建者《レスティトゥトル・オルビス・テッラルム》――、ローマの由緒ある伝説（双子に乳をやる狼、父を背負ったアエネアス）と不死鳥によって象徴される皇統の継続性、皇帝の長所と徳性――寛容《クレメンティア》、慈愛《インドゥルゲンティア》、忍耐《パティエンティア》、恭順《ピエタス》、心の平静《トランクイリタス》、卓越性《ウイルトゥス》（大規模な狩りで発揮）――、属州（女性像による擬人化）の開発、食糧配給《アンノナ》と経済全般に対する関心（鉱山、運命（フォルトゥナ）、豊饒の角（コルヌコピア））、軍規《ディスキプリナ》と皇帝の軍隊に対する配慮（演説のテーマ）、社会政策（先導吏による公的債務の帳簿の焼却）、回復された自由《リベルタス・レスティトゥタ》（死亡した子供の遺産の一部を受けとれる権利を母親に保証する措置と関係がある）と融和《コンコルディア》、皇帝礼拝（神々の肖像または象徴）と宗教融合《シンクレティズム》による皇帝の半神化（たとえば、表面と裏面に、麦穂をかぶったハドリアヌスの頭部とエレウシス密儀への入信の暗示、天文学や占星術の流行、ワニの上に足を置いたハドリアヌス＝ホルス[2]）、大型公共工事（ウェヌスと女神ローマの神殿、マティディア神殿、アエリウス橋、道路の建設と再建）、芸術作品（オリュンピアのゼウスの冠）、皇帝の側近（サビナやアンティノウスの頭部）。必要不可欠な願立て（公式祈願（ウォタ・プブリカ）、幸福（フェリキタス）、不死（アエテルニタス））。

（1）フリギアの半獣神。横笛の音色を自慢して、アポロンの竪琴に挑戦、女神たちに負けと判定されて、アポロンに皮を剥がれた。

（2）ホルスはオシリス（冥界の神）とイシス（オシリスの妹・妻）の子で、天の神。アポロンと同一視される。エジプトでは、ハドリアヌスはホルスと同一視された。

10 小品の芸術

小さなブロンズ像、宝石といった小品の芸術は、アウグストゥス時代の流行をよみがえらせ、引きつづき盛んである。カトリーヌ・ド・メディシスが手直しした《フランスの大カメオ》[1]は、一三六年に遡るものかもしれない。

(1) 「サント・シャペルのカメオ」ともいう。中央に坐った二人の人物は、もともとハドリアヌスとサビナを表現していたとする本文の説以外に、ティベリウスとリウィア、クラウディウスとアグリッピナ、クラウディウスとメッサリナを刻出しているとする説があるほか、中央の人物をトラヤヌスとプロティナとし、マルキアナと大マティディアも表現されているとする説もある。

II ハドリアヌス治世下の宗教

一方では、公式の政策——忘れてならないのは、皇帝が最高神祇官《ポンティフェックス・マクシムス》であったこと——と皇帝個人の感受性によって、他方では、地理的範囲によって区別するのが適当であろう。

1 ローマ市とイタリア

ハドリアヌスは、ローマ市とイタリアでは、国家宗教のローマ的性格を強調したと思われるが、伝統的宗教を蔑ろにしなかった。神君カエサルの神殿、神君アウグストゥスの神殿、ボナ・デアの社《やしろ》、卜占場《アウグラトリウム》を修復したからだ。一一〇年に火災に見舞われた万神殿《パンテオン》を再建し、そこにマルス、ウェヌス、カエサル、アウグストゥスの立像を安置した。新しい神殿、なかでも「ウェヌスと女神ローマの神殿」、を建立した。碑文とコインの図像学によって、彼の治世に崇拝の対象となったことが確認されている神は、ユピテル、ユノ・レギナ、ミネルウァ、ケレス（穀物の女神）、ディアナ（狩りの達人であったハドリアヌスを守護する狩猟の女神）、公式に一つの神格に統合され、皇帝の家系に組みこまれたウェヌスと女神ローマがある。それらに加えて、抽象概念を神格化した神々、運命《フオルトウナ》、平和《パクス》、健康《サルス》、安寧《セクリタス》、勝利《ウイクトリア》、卓越性《ウイルトウス》を挙げることができる。

2　皇帝礼拝

皇帝礼拝は、カエサルが創案し、アウグストゥスが始めた。しかし、アウグストゥスは、イタリア本土では、神格化を示す各種の称号を名乗らないよう配慮した。確かに、ハドリアヌス治下では皇帝礼拝が再興し、崇拝の対象は皇帝一族まで広まる。一一九年に他界して神格化された義母マティディアに対して神殿が奉献される。サビナは、新しいヘラ《ネア・ヘラ》、豊饒の角《コルヌ・コピア》をもつケレス、あるいは運命《フオルトウナ》の女神として紹介され、きわめて早い時期に「アウグスタ」という称号をもらった。このような状況をはっきりと物語っているのがコインである。ローマのアウレウス金貨（一三四～一三八年）には、表面にハドリアヌスの胸像、裏面にトラヤヌスとプロティナの胸像が刻まれ、両面に星印と「神たる両親に対し《ディウイス・パレンティブス》」という銘が付されたものがある。別のアウレウス金貨（一三七～一三八年）には、頭に麦穂をかざした「女神アウグスタ」たるサビナの胸像が表現され、裏面には、同女神が空飛ぶ鷲に座った像が描かれていて、神格化《コンセクラテイオ》という銘が刻まれている。別のコインでは、ユピテルとハドリアヌスが新しい黄金時代を具現化した地球を支えており、ハドリアヌスは地球の上に運命《フオルトウナ》の女神の持物である舵を置いている。

皇帝はふたたびアウグストゥスという肩書きをつけ、創建者ロムルス《ロムロ・コンディトリ》という古い銘を復活し、初代皇帝アウグストゥスの墓廟をまねて自分の墓廟を建設させる。エレウシスでは、アウグストゥスと同じように、密儀に入信する。

3　ギリシア

ギリシアでは状況が異なる。一つには、この地方の民衆には、皇帝に追従し、皇帝をあらゆる形で英雄化しようとする気質があったからであり、他方では、皇帝自身、個人的にギリシア文明に関心をもっていたからである。ハドリアヌスの事績《レス・ゲスタエ》を記したアテナイの万神殿《パンテオン》の碑文が列挙していたように、神殿を数多く修復・創建したといわれている。ハドリアヌスはデルフォイではアルコンであり、神託に関心をもっていた。エレウシス（デメテル祭祀の地）では、密儀に入信し、最高の密儀《エポプティア》に参加することが許された。オリュンピアでは、フェイディアスが制作したゼウスの巨像を修復する。

ギリシア世界では、皇帝が文化の全ギリシア主義《パンヘレニズム》を進めようとした関係で、皇帝礼拝が広まる。アテナイでは、パンヘレニオン神殿を建設したし、ゼウス・オリュンペイオン神殿を奉献したときには、救済者《ソテル》にして創建者《クティステス》であるハドリアヌス・オリュンピアスに対して、二四基の祭壇が奉献された。皇帝礼拝は、とくに競技をともなう政治の一側面であった。ハドリアヌスは芸人たちの団体を庇護する。皇帝は半神または神々と関係があるとされるか、同一視されて、新しいヘラクレス、新しいディオニュソス、ゼウスと神室をともにする神《シュンナオス》――「ドドナの」（ドドナイオス）、「狩の」（キュネゲシオス）、「オリュンピアの」（オリュンピオス）という添名がつけられたゼウス――となる。

とくにエトナ山に登頂し、そこでご来光を仰いだことが示しているように、ハドリアヌスが太陽に対して関心をもっていたことは、のちに太陽礼拝が発展する兆しでもある。

4 オリエント

オリエントでは、皇帝を都市の守護神として礼拝することが民衆レベルで活発に行なわれていたことが知られているが、おそらく公的な礼拝はもっと活発であった。いくつかの例を挙げておこう。アエザニでは、ゼウス神殿の玄関柱廊《プロナオス》の碑文はハドリアヌスをゼウス・パンヘレニオスと同一視している。キュジコスでは、月のうえにある七つの星によって象徴された新しい黄金時代の守護神「世界の支配者《コスモクラトル》アイオン」〔永遠を象徴する有翼の男性像〕が不死鳥や黄道十二宮とともに出現する。隠喩によって、ハドリアヌスを若きアイオン、世界の魂、神の言葉、ローマ国民の守護神、ヘルメス・ロギオス〔ゼウスの使者としてのヘルメス〕……と同一視することは、「黄金の世紀《サエクルム・アウレウム》」の概念を示している。エフェソスでは、一二七／一二八年に、一私人がアルテミス・皇帝・守護神《ダイモン》に捧げる神殿を建立した。パリオン〔ミュシア地方〕では、ハドリアヌスは「ユピテル・オリュンピオス、植民市の創建者」と呼ばれる。ペルガモンでは、アスクレピオス神殿の図書館に置かれていた立像の台座に刻まれた碑文から、「新しいアスクレピオス」、「世界の救済神」と呼ばれていたことが判明している。

シリア北部では、ハドリアヌスは、ゼウス・カシオス神〔航海の守護神、ナイル川の増水と関係がある守護神〕を二度参拝した。一回目はトラヤヌスの代行として〔詩の献呈〕、二回目の一二九年には皇帝として参拝した。この祭祀はエジプトでも行なわれている。

東方でギリシアの祭祀が盛んであったとしても、ハドリアヌスは東方固有の祭祀を警戒していたようだ。初めてキュベレの肖像を――アッティス〔キュベレの若き恋人〕とは刻まずに――コインに登場させたのはこの皇帝であるが、彼にはこのフリュギアの祭祀が野蛮に思えたにちがいない。

皇帝はエジプトでいたく感激した。エジプトでは、自身もファラオと見なされ、ホルス神と同一視されたからである。一三二年にセラピス・パンテイオスの祭祀が始められ、ハドリアヌスはこの神と神室《シュンナオス》をともにする神であった。エジプトでは、いくつかの密儀に入信が許された。ペルシオンでは、ハドリアヌスによってゼウス・カシオス神殿が改築・奉献され、同時にポンペイウスの墓が修復された。ゼウス・カシオスの祭祀はティヴォリでも確認されている。

アンティノウスは、ナイル川で水死したことによって——M・A・レヴィによると、おそらく鰐《わに》に咬まれて死亡——半神とされた。彼はディオニュソス、パン（家族がアルカディア地方出身と考えられていた）、シルウァヌス、オシリス、ヘルメス＝トト、アポロン、アドニスと関係があるとされる。アルゴスではアンティノウスのために競技が開催される。彼の「故郷」のビテュニア地方では、表面にアンティノウスの胸像、裏面に星を刻んだ青銅貨が発行される。イタリアでも、ラヌウィウムでも、「ディアナとアンティノウス信者の組合《コッレギア》」が結成された。しかし、この祭祀は始まったのが遅く、限定的なものであったらしいが、過激な情動的反応によって、由緒ある公的宗教に新しい宗教の種を注入し、他界した青年を死と再生の神や救済神にした。

5 西方

地方の祭祀がもっていたいくつかの側面を忘れてはならないだろう。ガリアでは、ルグドゥヌムで催されるガリア三属州連合の祭祀には、女神ローマと神皇アウグストゥスが入っていた。ヒスパニアでは、ハドリアヌスはタッラコで神君アウグストゥスの神殿を再建する。セゴブリガ〔現セゴルベ〕では、女神ローマの祭祀――イベリア半島で知られている唯一の例――が確認されており、これは皇帝の視察旅行と関係がある。ハドリアヌスは遺言でガデスのヘルクレス聖所を遺産相続人に指定していた。

6　ハドリアヌスの宗教的感受性

ハドリアヌスの性格は、つかみどころがないとはいわぬまでも、複雑であり、明確に説明することは難しい。評価は、皇帝が占星術（ニカエアのアンティゴノスは、当時知られていた皇帝の子供の話題だけを伝えた）に夢中で、錬金術・オカルティズム・魔術に惹かれ、さまざまな密儀に入信していたことに見られる神秘主義と、辞世の詩やティヴォリにある「地獄の谷」から推測される懐疑的姿勢の入り混じった純粋な知的好奇心（異国趣味）とのあいだを揺れ動く。皇帝はストア派やエピクロス派の哲学者（ヘリオドルス、エピクテトス）と会話を交わしたことがあるが、管見では、統一された神の概念に基づき、真摯な宗教感情から行動しており、この感情は、場所と状況に応じ、さまざまな形で現われる。ハドリアヌスはあらゆる形の宗教、とくに、統治のための折衷主義と統合運動の裏づけとなるような宗教に関心をもっていた。もちろん、考え方も進化していたのかもしれない。

7　ユダヤ教とキリスト教

重要な問題が一つ残っている。ユダヤ教とキリスト教に対する公式の態度である。ユダヤ教は一神教であるにもかかわらず、黙認されていた。ハドリアヌスはユダヤ教の聖職者《ラビ》と会話を交わしていたと思われるが、一三二年の反乱以降、ユダヤ教を排除しようとした。

有名な詩「小さな魂、さまよえるいとしき魂よ。……」〔一一〇頁の注（4）参照〕には、キリスト教の痕跡はまったく認められない。皇帝は一二八年から一二九年のあいだにアテナイのキリスト教徒と接触していたにちがいない。この都市の司教クァドラトゥスは、皇帝に対してキリスト教信仰を説いたが、訴追されることはなかった。エウセビオスは、属州アシアの総督〔一二二/二三年〕C・ミヌキウス・フンダヌス宛ての勅答《レスクリプトゥム》（『教会史』四、九、一～三（参考・ユスティノス『護教論』六八、六～一〇））を引用している。もちろん、その信憑性は疑わしいとされており、曖昧な点がないわけではない。「もし誰かが〔キリスト教徒を〕告発し、法に反したことをしていることを示すならば、貴下が、その罪の程度に応じて裁判すればよい」（『教会史』四、九、三）。これは曖昧な定型的表現であり、罰せられるのは一般法に基づいた犯罪だけだとも考えられるし、キリスト教徒である事実そのものが犯罪であるとも考えられる。キリスト教の教会は、ユダヤ教会堂と同じように自由に設立してよいし、キリスト教徒はみずからの宗教を自由に実践してもよいが、熱心に勧誘してはならない。しかし、一般的にいって、ハドリアヌスは、理解しようとはしたが、ユダヤ教もキリスト教も理解していなかった。

前述したように、帝国いたるところで、埋葬方式が石棺による埋葬に変わるという現象が起こる。フラウィウス朝に現われたこの埋葬方式の普及によって（アッティカ石棺の生産）、ローマの特定の家族では、土葬が完全になくなってはいなかったとはいえ、かつての慣行に逆戻りすることになった。いまや公然と、石棺を用いた葬礼が行なわれるようになった。

ハドリアヌスの治世の評価は、古代から大きく分かれている。客観的な判断をくだすには、この皇帝が政治的偏見をもって見られていたことを念頭においておかねばならない。元老院は治世初期の執政官経験者四人の殺害と治世末期の自害に追い込んだ糾弾に恐怖感を抱き、肥大化した中央権力に刃向かって、ハドリアヌスを酷評した。かくして、サビナ毒殺の風聞のように、皇帝の残虐さが非難されることも理解できる。さらに皇帝の性格が時代とともに変化したことも考慮しておかねばならない。確かに、ハドリアヌスは病気で人が変わり、欠点が露呈した。

この複雑な人物を理解するのは難しい。確実と思われる悪癖——虚栄心や情緒不安定——は別として、知性、教養、現実的感覚、視野の広さ、細部への配慮、質素な生活、友達づきあいのよさ、伝統を尊重する革新的な「モダン好き」という資質をもっていたことは否定できない。かくして、ハドリアヌスは由緒あるローマやかつての公職者に関する伝承を再評価する。皇帝自身、エトルリア都市連合長官（プラエトル・エトルリアエ）[1]を名乗り、三度《みたび》執政官に就任する。騎士階級の者や元老院議員に市民服《トガ》の着用を命じ、イタリア、いやローマと属州をますます画一化しながらも——少々曖昧な方法によってではあるが——ローマ市の優越性（例・運動競技者組合のローマ市への移転）とイタリアの優越性を維持する。

（1）もともとエトルリアの都市連合の長官の名称で、戦争を指揮し、平時には連合の祭祀を執り行なった。ローマ帝政期には、名誉称号化した。クラウディウス帝がエトルリア史を著わしたように、エトルリアは、ローマ人にとって魅惑の対象であった。

生まれつき権威主義的であり、行政権に加えて立法権も掌握し、司法の最高機関にして陪審員であったハドリアヌスの念頭に、ユリウス・カエサルが夢見ていた君主政的性格をもつ権力像があったことは確かである。名目上、共和政の制度が延命している状態には終止符が打たれた。それを明確に示しているのがコインの銘である。一二四年以降、コインには執政官など伝統的な肩書きが表示されなくなり、アウグストゥスという称号しか出てこない。もちろん、この称号も皇帝アウグストゥスに端を発したある種の伝統に対応したものである。しかし、ハドリアヌスは神々の末裔《ディウィ》を自認する。おそらく、穏健な元首政と、家父長主義（J・ボジュ）または絶対王政（M・A・レヴィ）という両極端に位置する考え方のいずれをとるべきか、決めかねていたのだろう。

確かにハドリアヌスはギリシアに魅了されていた（アルコンに就任し、皇帝として三度ギリシアを訪れ、その言語と文学に通暁し、ギリシアの知識人と接触するのを好んだ）。しかし、おそらく彼のギリシア文明好みは強調されすぎだ。むしろコスモポリタニズム（ラテンとギリシアの都市を連合させる夢、諸民族を統合する夢）、属州の平準化によって帝国の統合を強化しようとする統合主義（すでにフラウィウス朝で素描されていた政策）というべきであろう。一連の大視察旅行は、「観光」にすぎない部分もあったが、軍隊の査察、属州総督の行政の点検、属州民からの実情聴取も含まれており、皇帝はローマと属州が平等であることを示し、属州の特徴を生かそうとする。だが、ローマ国民の政治的・精神的、かつ法律的・行政的な優越性の原則を否定しようとはしない。Chr・ヤコブは、アレクサンドレイアのディオニュシオスの『人の住む世界の案内記』における帝権の演出を解明した。この案内記は、平定され、繁栄した世界であるローマ帝国を概観している。ある折り句《アクロティシュ》(1)は、ハドリアヌスとヘルメスは関連があるとする。皇帝の視察旅行は、象徴的に世界を建設し、そのあと世界はハドリアヌスの別荘に記憶され、不朽のものとなった。

(1) 詩行や単語の最初の文字や単語をつづけて読むと、一つの主題に関する表現や単語となる詩や文章。

ロムルスよりむしろヌマに比せられる皇帝は、変革を行ない、いくつかの点——中央集権化政策、ヘレニズム時代の方式から着想した「善と衡平《ボヌム アエクム》」という大原則に基づく法律の統合、良き統治者による都市・同業組合・個人に対する配慮——で積極的に活動した。

この治世はのちの発展を予告しているが、当時、誰がそれを予想することができたであろうか。ほぼ君主政的な権力の概念は、専制君主政とディオクレティアヌス帝に逢着する。公共事業や、さまざまな趣味に多額の出費をしたとして、定住化・蛮族化・東西分裂を招く危険を犯してまで軍隊を属州化したとして、寄生する暇な平民(ローマの住民一〇〇万人中ほぼ三〇万人が「食糧の配給を受けていた」)を養う食糧配給制度を維持したとして、騎士階級身分の者の官僚化によって自治市の制度が堕落するのに関与したとして、はたまた世襲化の傾向がある職業を規制したとして、さらには後継者問題を明確に解決しなかったとして、ハドリアヌスを非難したが、これまでのように非難しつづけることができるのであろうか。

ハドリアヌスを「偉大な皇帝」(ルナン『キリスト教起源史』六巻二頁)——哲学をもたない「ネロのような、皇位に就いた文人・芸術家」(同書、四頁)——と考えるルナンの見解は、確かに行きすぎである。この皇帝は優れた教養人であり、一つの哲学にこだわらなかったと考えられるとしても、ギリシア好きで、審美的・官能的・知的な快楽を好み、そのときどきの問題に忙殺されていても、死・霊魂・神を追求していた。飽くことなきエピクロス哲学なのだろうか。生き残りを図ろうとする熱望なのだろうか。いずれにしても、彼の念頭にあった、職務として、統合主義としての権力の概念は、開明的君主政を説くプラトン哲学の原則のように、ストア哲学の犬儒学派の普遍主義に満ちている。アカデメイア学園、さらにはリュケイオン学園も、象徴的にティヴォリの別荘に表現されていないのか。ハドリアヌスの特徴は、彼の時代の折衷主義にあったと思われる。トラヤヌスのパルティア戦争によって帝国が動揺したあと、ハドリアヌスは、平和と適切な政策によって帝国に偉大さと均衡を保証したし、行政機構を改良し、国境の安全に配慮することによって経済的幸福とともに、より良き正義の確立に注意を怠らなかった。皇帝の同時代人であったアッリアノスの評価は、廷臣の考えであることを考慮しても、間違っているとは思えない。「『若者の槍、美しき調べの詩想、良き行動を擁護する公的正義が花開く』〔テルパンドロス、断片七〕という詩句は、古代のスパルタよりも、ハドリアヌスが二〇年来行なってきた現在の統治にふさわしい」。いずれにしても、それがハドリアヌスの目的であったと考えられるし、M・ユルスナールによる人物の再創造も、この方向に向かったのである。

訳者あとがき

本書は、Raymond Chevallier et Rémy Poignault, *L'empereur Hadrien* (Coll. « Que sais-je ? » n°3280, PUF, Paris, 1998) の全訳である。

ハドリアヌスは、マルグリット・ユルスナールの『ハドリアヌス帝の回想』(多田智満子訳、白水社)を通して文芸愛好家にも馴染みの深いローマ皇帝である。この皇帝については、わが国でもすでに小説や物語で紹介されており、政治史に限定すれば、研究者による啓蒙書も出版されている。しかし、典拠を示し、ときには史料を引用して、できるかぎり史実に忠実に、この偉人の全像と業績を詳述した書籍は出版されていない。このような状況を考えて、本書を翻訳してみようかと思っていた一昨年の夏、ハドリアヌスについて調べると、大英博物館では、同皇帝関連の多数の品々を展示した「ハドリアヌス――帝国と戦争」と題する特別展が催されていた。さらに、ほぼ同じ頃、英仏両国で同皇帝に関する浩瀚な書物が上梓されたことも判明した。本書の翻訳出版は時宜にかなっているのではないかと考えた。昨春ローマを訪れたとき、ティヴォリの「ハドリアヌスの別荘」にある博物館では、今世紀になってから同遺跡で発掘された遺物を展示した特別展が開催されていた。欧州ではまさに今、ハドリアヌス・ブームが起こっているかのようである。

著者の一人レモン・シュヴァリエ(二〇〇四年没)は、パリの高等師範学校(エコル・ノルマル・シュペリユール）を卒業、ローマのフランス学院（エコル・フランセーズ）で研鑽するという、ローマ研究のエリート・コースを歩まれ、長くトゥール大学で教鞭をとられたローマ史の大御所であった。きわめて多作な研究者で、上梓された書物は『紀元一世紀のローマとゲルマニア』、『ガリア・ルグドネンシス』、『ポー川のケルト人のローマ化』、『ローマ帝国における旅行と移動』など五〇余冊に及ぶとのことである。

共著者のレミ・ポワニョは、クレルモン・フェラン大学（ブレーズ・パスカル大学）のラテン文学の教授で、同大学の古代文明研究センターの所長を兼務されている。さらに、ユルスナール研究国際協会の会長として国際的にも活躍されている。著書としては『M・ユルスナールの作品における古代』、『マルゲリット・ユルスナール、女性、女性たち、「女性」という表現』などがある。

本書は、まず序文でハドリアヌス関係の史料を列挙したあと、古代のテクストが描くハドリアヌスの人物像の多様性を指摘する。第一章では、出自と即位までの経歴を解明し、とくに養子縁組の実相に迫る。つぎの章では、ローマ帝国で基本的な問題であった帝位継承問題、すなわち即位直後に起こった親トラヤヌス派の執政官経験者四人の殺害事件と治世末期の後継者選定問題（L・ケイオニウス・コンモドゥスとアントニヌス）を論じる。

第三章では、元首顧問会を中心に据え、騎士身分の官職階梯を定めることによって官僚制を整備し、行政・財務管理の改善に努めたことが解説される。そして治世のほぼ半分を占める視察旅行をたどったあと、ローマ法の発展について触れる。最後に、外交政策と軍事を説明するが、蛮族に対して防壁《リメス》（いわゆる「ハドリアヌスの長城」など）が果たした役割が強調されている。次章では、まず当時の社会情勢に触れたあと、経済について解説する。とくに農業と鉱業については、適宜史料を引用しながら詳述されており、本書の特徴の一つである。

第五章は、ハドリアヌスの作品とこの時代の文学史である。文人皇帝と紹介されることが多いにもかかわらず、彼の作品とメセナ活動が具体的に解説されるのは、おそらくこれが本邦では初めてであろう。最終章では、万神殿《パンテオン》、ハドリアヌスの別荘など四つの記念建造物について詳述したあと、この時代の芸術全般を紹介し、帝国各地で行われた公共事業をリストアップしている。そして最後に、共和政的な都市国家のローマを、その隅々まで平準化された広大なローマ帝国に再編するため、あらゆる面で帝国の統合・均質化を促進したとし、この皇帝を肯定的に評価して筆をおいている。

このように、本書は、ハドリアヌスを政治・社会・経済・文化など広範囲な角度から百科全書的に解説している。この皇帝の生涯と彼が生きた時代を具象的に理解するのに有益であろう。さらに、ハドリアヌスという一皇帝の時代を幅広く横断的に鳥瞰することによって、この時代に都市国家ローマがいかに専制君主制へと変貌していったのかを具象的に理解していただけるのではないかと思う。

原著には注はまったく付されていない。訳注は、簡単なものは〔　〕内に入れて訳文中に示したが、長いものは、別にして、各節の末尾に掲げた。また、原著に典拠が示されていない場合、〔　〕に括って補足しておいた。

本文と訳注のチェックおよび一部典拠の調査については、古代ローマ史を専門とされ、武蔵野音楽大学、上智大学などで非常勤講師として活躍されている志内一興氏に労を煩わした。同氏には、講義や研究でご多忙のなか、数多くの修正や助言を賜った。そのうえ、文意がとりにくい幾つかの箇所については、テクストを精緻に分析していただいたうえで、著者の意図を理解しやすい訳文にしていただいた。この紙面を借り厚く御礼申しあげる。もちろん、翻訳に誤りがあれば、それはすべて私の責任であることは申すまでもない。

最後に、本書の上梓に当たり、白水社編集部の中川すみ氏には、原書にはない地図・系図・年表・索引の追加作業を含め、出版や編集の諸局面で随分ご苦労をおかけした。ここに深甚の謝意を表したい。

北野　徹

二〇一〇年二月　所沢にて

年表

（注）視察旅行など定説が確定していない年代については本文の記載に従った。

七六年　ハドリアヌス誕生（一月二十四日）
八五年　ハドリアヌスの父、死亡
九三年　ハドリアヌス、訴訟裁定のための二十人委員となる（または九四年）
　この間に、第二軍団救援者（パンノニア）、第五軍団マケドニア（下モエシア）、第二十二軍団プリミゲニア（上ゲルマニア）の軍団高級将校を歴任
九七年　トラヤヌス、ネルウァの養子となる
九八年　ネルウァ死去。トラヤヌス皇帝に就任
一〇〇年頃　ハドリアヌス、ウィビア・サビナと結婚
一〇一年　ハドリアヌス、元首財務官に就任
　第一次ダキア戦争（〜一〇二年）に従軍
一〇二年頃　元老院議事録担当の監督官に就任
一〇五年　ハドリアヌス、護民官就任
　第二次ダキア戦争（〜一〇六年）
一〇六年　ハドリアヌス、法務官就任（または一〇七年）
　ハドリアヌス、第一ミネルウァ軍団の副官として第二次ダキア戦争に従軍
一〇七年　ダキア、属州となる
　ハドリアヌス、属州下部パンノニアの法務官格の皇帝管轄属州総督に就任（〜一〇八年）
一〇八年　ハドリアヌス、補充執政官に就任
一一一年　（六月）ハドリアヌス、アテナイのアルコンに就任（〜一一二年六月）
一一三年　トラヤヌスの円柱の建立

一一四年　パルティア戦争（〜一一七年）
ハドリアヌス、パルティア戦争の参謀部でトラヤヌスの補佐官（?）に就任
アルメニア、アッシリアを属州とする
一一五年　キュレナイカ、エジプト、キプロスなどでユダヤ人の反乱発生（〜一一七年）
一一六年　東方で反乱が発生
メソポタミアを属州とする（ローマ帝国が最大版図に）
一一七年　ハドリアヌス、属州シリアの皇帝管轄属州総督に就任
トラヤヌス逝去（八月九日）
ハドリアヌス即位（八月十一日）
アルメニア、アッシリア、メソポタミアを放棄
一一八年　ハドリアヌス、執政官に就任（二回目）
四執政官経験者の処刑（一一七年?）
ハドリアヌス、ドナウ川流域の属州の治安問題を解決して、ローマへ帰還（七月九日）
ローマ市で負債の大帳簿を焼却
一一九年　万神殿とハドリアヌスの別荘を着工
ハドリアヌス、執政官に就任（三回目）
ハドリアヌス、近衛長官アッティアヌスとスルピキウス・シミリスをマルキウス・トゥルボと・セプティキウス・クラルスに更迭
一二〇年頃　ローマ市以外のイタリアを四つに区分し、その裁判を担当する執政官格の元老院議員を任命（一二七年?）
一二一年　プロティナ他界（または一二二年）
「ウェヌスとローマ女神の神殿」の着工
第一回目の視察旅行へ出発（〜一二五年）。ガリアを訪問
（暮）ハドリアヌス、ルグドゥヌムで越年
一二二年　ハドリアヌス、ゲルマニア、ラエティア、ノリクムを訪れたあと、ブリタンニアへ渡り、「ハドリアヌスの防壁」の築造を命ず

一二三年　(暮) ハドリアヌス、タッラコで越年
ハドリアヌス、東方訪問。パルティア王コスロエスと交渉し、和平を締結
ユーフラテス川の防壁からトラベズスまで小アジアを縦断（?）
(暮) ハドリアヌス、ニコメディア（?）で越年

一二四年　ハドリアヌス、小アジアを訪れて、ロドス経由、ギリシアへ入り、エレフシスの秘儀に入信（九月）
(暮) ハドリアヌス、アテナイで越年

一二五年　ハドリアヌス、ギリシア各地を訪問後、シチリアを経由して、ローマへ帰還

一二七年　ハドリアヌス、イタリア北部を視察

一二八年　ハドリアヌス、「国父」の称号を受ける
ハドリアヌス、第二回目の視察旅行に出発（〜一三二または一三三年）。アフリカ駐留軍を視察したあと、ギリシアへ
(暮) ハドリアヌス、アテナイで越年

一二九年　ハドリアヌス、小アジア訪問後、シリアでパルティア王コスロエスなどと外交交渉
(暮) ハドリアヌス、アンティオケイアで越年

一三〇年　ハドリアヌス、シリア、アラビア、ユダヤ訪問。アエリア・カピトリナを創建
エジプトを訪問、アンティノウスがナイル川で水死。アンティノオポリスを創建
(暮) ハドリアヌス、アレクサンドリアで越年

一三一年　ハドリアヌス、トラキアを訪れ、小アジアへ戻り、ギリシアを訪問
この頃、『永久告示録』完成
(暮) ハドリアヌス、アテナイで越年

一三二年　ゼウス・オリュンペイオン神殿を落成。全ギリシア同盟を結成（一三一年?）
バル・コホバ率いるユダヤ人の反乱発生（〜一三五年）
ハドリアヌス、ローマへ帰還、あるいはユダヤ戦線視察し、パンノニアを経由して一三三年末／一三四年初頭にローマへ帰還（?）

一三四年　アントニヌス、属州アシアの総督に就任（〜一三五年）

一三五年　ハドリアヌス、ユダヤに二度滞在し、その間にエジプト訪問し、ローマへ帰還（?）
「ウェヌスとローマ女神の神殿」落成
一三六年　ハドリアヌス、L・ケイオニウス・コンモドゥスを養子とする
一三七年　L・ケイオニウス・コンモドゥス、属州パンノニア総督として赴任
サビナ死去
ハドリアヌス即位二十年記念祭を開催
一三八年　L・ケイオニウス・コンモドゥス病死（一月一日）
ハドリアヌス、アントニヌスを養子とし、アントニヌスがマルクス・アウレリウスとルキウス・ウェルスを養子とす（二月二十五日）
セルウィアヌスとその孫フスクスが自殺（異説では、一三六年）
ハドリアヌスが逝去し、アントニヌスが即位（七月十日）
マルクス・アウレリウス、アントニヌスの娘ファウスティナと婚約
一六一年　マルクス・アウレリウスとルキウス・ウェルスが即位

索　引

「人名（書名）・神名」、「地名・国名・種族名」、「その他」に分類
（ハドリアヌス治世の大造営事業一覧および
ハドリアヌスの別荘にのみ登場する地名・建造物名は省略）

●人名（書名）・神名

●地名・国名・種族名

●その他

哲学・宗教

政治・外交

都市制度

公職名・権限・称号

アウグスタ　30, 37, 157
アウグストゥス（正帝）　58, 158, 164
アルコン　25, 30, 158, 164
エジプト長官（プラエフェクトゥス・アエギュプティ）　47, 48, 53, 64, 93, 104, 115
管理官（プロクラトル）　29, 42, 53, 64, 66, 83, 93, 95, 96, 98, 99, 128, 130
・財務担当〜　53, 65
・食糧〜（プロクラトル・アリメントルム）　93
会計官（イディオロゴス）　66
凱旋将軍顕彰（オルナメンタ・トリウンファリア）　36, 39, 49, 51, 90
学事担当官（ア・ストゥディイス）　52, 53, 64
監督官（クラトル）　65, 68
・元老院議事録担当の〜　28
・道路〜（クラトル・ウィアルム）　65, 93
官房　16, 29, 63, 64, 68, 70, 93, 107
競技会長（アゴノテテス）　105
ギリシア語書簡担当官（アブ・エピストゥリス・グラエキス）　52, 53, 138
軍団司令官（レガトゥス・レギオニス）　28, 31, 51
元首顧問会（コンキリウム・プリンキピス）　41, 43, 51, 57, 62, 70, 78
高級軍団将校（トリブヌス・ミリトゥム・ラティクラウィウス）　26, 27, 94
戸口調査申告書受付事務所（アド・ケンスス・アッキピエンドス）　81
皇帝金庫法律顧問（アドウォカトゥス・フィスキ）　81
高等按察官（アエディリス・クルリス）　78
国父（パテル・パトリアエ）　43, 150
近衛長官（プラエフェクトゥス・プラエトリオ）　15, 23, 29, 33, 37, 39, 41, 48, 49, 60, 64, 93
護民官（トリブニウス・プレビス）　28, 29
・〜職権（トリブニキア・ポテスタス）　57
顧問委員（コンシリアリイ）　62
最高司令官（インペラトル）　57, 77
裁判官（ユリディクス）　44, 113
財務官（クワエストル）　28, 29, 94
・元首〜（クワエストル・プリンキピス）　27, 28, 78
司書担当官（ア・ビブリオテキス）　52, 53, 64
執政官（コンスル）　16, 21 - 23, 28, 29, 31, 36, 39, 41 - 52, 55 - 57, 65, 66, 86, 94, 108, 122, 124, 128, 131, 150, 163, 164
・補充〜（コンスル・スフェクトゥス）　29, 40, 49, 50, 91
司法担当副官（レガティ・ユリディキ）　66
首都長官（プラエフェクトゥス・ウルビ）　42, 47, 61, 64, 65, 122
書簡担当官（ア・エピストゥリス）　52, 64
属州総督（プロコンスル）　26, 28, 42, 51, 57, 63, 65, 66, 78, 86, 90, 124, 148, 164
・〜命令権（インペリウム・プロコンスラレ）　57
・皇帝管轄〜（レガトゥス・アウグスティ・プロ・プラエトレ）　26, 29, 31, 32, 39, 40, 47, 49 - 52, 66
・執政官格の〜　65
・法務官格の〜　65
訴訟裁定のための十人委員（デケムウィル・ストリティブス・ユディカンディス）　25
陳情・戸口調査担当官（ア・リベッリス・エト・ケンシブス）　64, 65
特別監察官（コッレクトル）　68, 128
都市監察官（クィンクェナリス）　20
都市参事会員（デクリオ）　67 - 69
二十人委員（ウィギンティウィル）　25

二人委員（ドゥウムウィル）　67
法務官（プラエトル）15, 22, 25, 28, 29, 40, 43, 44, 46, 50 - 52, 62, 63, 65, 66, 78, 94
補助委員（アドスンプティ）　62
町役人（マギステル・ウィコルム）　65
ラテン語書簡担当官（アブ・エピストゥリス・ラティニス）　64, 138
ラテン祭長官（プラエフェクトゥス・フェリアルム・ラティナルム）　25, 55
六人委員（セウィル）　25

軍　事

アフリカ壕（フォッサトゥム・アフリカエ）　88
《アミアンの杯（パテラ）》　87
騎兵隊の閲兵（トランス・ウェクティオ・エクィトゥム）　25
騎兵隊（アラ）　25, 40, 84, 87, 88
軍規（ディスキプリナ）　29, 85, 155
警察隊（フルメンタリイ）　85
皇帝身辺警護騎兵（エクィテス・シングラレス）　84, 85
近衛隊（コルホス・プラエトリア）　48, 70, 84, 85
首都警備隊（コルホス・ウルバナ）　84, 85
親衛隊　84
ダキア戦争　27, 35 - 37, 40, 46, 47, 151
・第一次～　27, 28, 47
・第二次～　28, 36
パルティア戦争　19, 31, 36, 37, 40, 47, 50, 71, 152, 166
非正規部隊（ヌメリ）　84, 88
分遣隊（ウェクシッラティオ）　70, 83, 86
防壁（リメス）　49, 71, 72, 75, 76, 86 - 88, 90, 102, 103
・ハドリアヌスの～　86, 102, 149
ポエニ戦争　20, 118
補助軍（アウクシリア）　82, 84, 85, 87 - 89
歩兵隊（コルホス）　51, 84, 88
満期除隊（ユスタ・ミッシオ）　16, 84, 89
夜警消防隊（コルホス・ウィギルム）　84, 138, 146
ユダヤ戦争　49, 51, 74, 89, 104

司　法

『永久告示録』（エディクトゥム・ペルペトゥム）　78
演説（オラティオ）　16, 27, 30, 36, 37, 41, 57, 63, 78, 86, 94, 106, 116, 121, 127, 153, 155
『学説彙纂』（デイゲスタエ）　15, 80, 113, 120
告示（エディクトゥム）　15, 16, 52, 62, 63, 78, 120
サビヌス派　78, 79
巡回裁判（コンウェントゥス）　66
書簡（エピストゥラ）　16, 24, 31, 34, 48, 52, 53, 63, 67, 70, 79, 95, 98, 101, 105, 107, 110, 115, 117, 121
スブスクリプティオ　79
善と公正の技術（アルス・ボニ・エト・アエクイ）　52
勅答（レスクリプトゥム）　16, 63, 78, 79, 95, 162
勅法（コンスティトゥティオ）　63
・『～彙纂』（コデックス・ユスティニアヌス）　78, 79
判決（デクレトゥム）　16, 63
百人法廷　25
プロクルス派　78, 79
明確な法（ユス・フィニトゥム）　52

経　済

アリメンタ　92, 93, 95, 152
アルベルティニ板　96
恩恵施与（エヴェルジェティスム）　93, 95
組合（コッレギア）　24, 30, 91, 92 - 98, 160, 162, 165
ウェレイアの表　92

建築・建造物

参考文献
（原書巻末）

S. Aurigemma, *La villa Adriana pressso Tivoli*, Roma, 1962.

U. Badalucchi, *Le mausolée d'Hadrien et le château Saint-Ange à Rome*, Roma, 1956.

H. Bardon, *Les empereurs et les Lettres latines d'Auguste à Hadrien*, Paris, 1940.

H. Bardon, *La littérature latine inconnue : 2, L'époque impériale*, Paris, 1956.

J. Beaujeu, *La religion romaine à l'apogée de l'Empire*, Paris, 1955.

H. W. Benario, *A commentary on the Vita Hadriani in the Historia Augusta*, 1980.

E. Birley, *Research on Hadrian's Wall*, Kendal, 1961.

E. Birley, I. A. Richmond, *Map of Hadian's Wall*, Southampton, 1964.

M. T. Boatwright, *Hadrian and the city of Rome*, Princeton, 1987.

D. J. Breeze, B. Dobson, *Hadrian's wall*, London, 1976 (3e éd., Harmondsworth, 1987).

A. Carandini, Vibia Sabina, *Funzione politica, iconografia e il problema del classicismo adriano*, Firenze, 1969.

J. Carcopino, *Passion et politique chez les Césars*, Paris, 1958.

F. Casavola, *Giuristi adrianei*, Napoli, 1980.

C. W. Clairmont, *Die Bildnisse des Antinous*, Roma, 1966.

L. Cozza, *Tempio di Adriano*, Roma, 1982.

De Fine Licht, *The rotunda in Rome. A study of Hadrian's Pantheon*, Copenhagen, 1966.

M. De Franceschini, *Villa Adriana : mosaici, pavimenti, edifici*, Roma, 1991.

W. Eck, *Senatoren von Vespasian bis Hadrian*, München, 1970.

Empereurs (Les) romains d'Espagne, Colloque international Mardid-Italica, 1964, Paris, 1965.

S. Feim, *Die Beziehungen der Kaiser Trajan und Hadrian zu den Litterati*, Stuttgart, 1994.

J. Gascou, *La politique municipale de l'Empire romain en Afrique de Trajan à Septime Sévère*, Roma, 1972.

M. Giacchero, *Problemi dell' eta adrianea*, Genova, 1972.

M. González Conde, *La guerra y la paz bajo Trajano y Adriano*, Madrid, 1991.

P. Graindor, *Athènes sous Hadrien*, La Caire, 1934.

H. Halfmann, *Itinera principum*, Stuttgart, 1986.

B. W. Henderson, *The Life and Principate of the Emperor Hadrian*, London, 1923.

A. Hoffmann, *Das Garrenstadion in der Villa Hadriana*, Mainz, 1980.

S. Johnson, *Hadrian's wall*, London, 1989.

H. Kaehler, *Hadrian und seine Villa bei Tivoli*, Berlin, 1950.
M. Laemmer, *Olympien und Hadrianeen im antiken Éphesos*, Köln, 1968.
M. A. Levi, *Adriano Augusto*, Roma, 1953.
M. A. Levi, *Adriano : un ventennio di cambiamento*, Roma, 1994.
F. Martin, *Le documentación griega de la cancelleria del emperador Adriano*, Pamplona, 1982.
L. B. dal Maso, A. Vioni, *Tivoli, Villa Adriana*, Firenze, 1976.
W. M. Metcalf, *The cistophori of Hadrian*, Ann Arbor, 1973, New York, 1980.
H. Meyer, *Antinoüs*, München, 1991.
S. R. Onofrio, *Castel S. Angelo*, Roma, 1978.
B. d'Orgeval, *L'empereur Hadrien. Œuvre législative et administrative,* Paris, 1950.
H. Palma, *Humenior interpretatio : humanitas nell' interpretazione e nella normazione da Adriano ai Severi*, Turin, 1992.
S. Perowne, *Hadrian*, London, 1960, München, 1966.〔ステュアート・ペローン『ローマ皇帝ハドリアヌス』（前田耕作監修／暮田愛訳），河出書房新社，2001年〕.
G. Piccottini, *Die Römischen Kaiser von Augustus bis Hadrian in ihrem Verhältnis zur Kunst*, Wien, 1966.
R. Poignault, *L'antiquité dans l'œuvre de Marguerite Yourcenar, Littérature, mythe et histoire*, Bruxelles, coll. « Latomus », 1995.
F. L. Rakob, *Die Piazza d'oro in der Villa Hadriana bei Tivoli*, Kaslruhe, 1970.
U. Schall, *Hadrian, Ein Kaiser für den Frieden*, Tübingen, 1986.
R. K. Sherk, *Translated documents of Greece and Rome. The Roman Empire. Augustus to Hadrian*, Cambridge, 1988.
E. M. Smallwood, *Documents illustrating the principates of Nerva, Trajan and Hadrian*, Cambridge, 1966.
P. Seinmetz, *Untersuchungen zur Römischen Literatur des zweiten Jahrhunderts nach Christi Geburt*, Wiesbaden, 1982.
H. Stierlin, *Hadrien et l'architecture romaine*, Paris, 1984.
J. Toynbee, *The Hadrianic Scholl*, Cambridge, 1934.
M. Ueblacker, *Das « Teatro Marittimo » in der Villa Hadriana bei Tivoli*, München, 1976.
R. Vigni, *Villa Adriana*, Roma, 1958.
W. Weber, *Untersuchungen zur Geschichte des Kaisers Hadrianus*, Leipzig, 1907 (Hildesheim, 1972).
W. Weber, Hadrian, *Cambridge Ancient History*, XI, Cambridge, 1936.
M. Wegner, *Hadrian, Plotina, Marciana, Matidia, Sabina*, Berlin, 1956.
D. Willers, *Hadrians panhellenistische Programm*, Bâle, 1990.
M. Yourcenar, *Mémoires d'Hadrien*, Paris, 1951.〔マルグリット・ユルスナール『ハドリアヌス帝の回想』（多田智満子訳），白水社，1993年〕.

参考文献
（訳者による補足）

I 通史

桜井万里子／本村凌二『ギリシアとローマ』，中央公論社，1997年.

J・P・V・D・ボールスドン『ローマ帝国　ある帝国主義の歴史』（吉村忠典訳），平凡社，1972年.

François Jacque et John Scheid, *Rome et l'integrtion de l'Empire 44 av.J.-C.~260 ap.J.-C.* Tome I, Les structures de l'empire romain, Nouvelle Clio, Paris, 1992.

Sous la direction de Claude Lepelley, *Rome et l'integration de l'empire 44 av.J.-C.~260 ap.J.-C.* Tome II-Empire romain, Nouvelle Clio, Paris, 1998.

II 伝記・物語

塩野七生『賢帝の世紀 ローマ人の物語IX』，新潮社，2001年.

Anthony R. Birley, *Hadrian-The Restress Emperor*, London, 1997.

Thorsten Opper, *Hadrian :Empire & Coflict*, Cambridge, Massachusetts, 2008.

Yves Roman, *Hadrien l'empereur virtuose*, Paris, 2008.

III 政治・法律

志内一興「ローマ帝国内の支配・被支配関係におけるコミュニケイションの機能」（東京大学博士学位取得論文），2006年.

船田享二『ローマ法』全5巻，岩波書店，1968-1972年.

松本宣郎「初期ローマ帝国の支配構造」，弓削達ほか編『ギリシアとローマ 古典古代の比較史的考察』，河出書房新社，1988年.

アラン・ミシェル『ローマの政治思想』（国原吉之助ほか訳），白水社文庫クセジュ，1974年.

南川高志『ローマ五賢帝とその時代：元首政期ローマ帝国政治史の研究』，創文社，1995年.

南川高志『ローマ五賢帝――「輝ける世紀」の虚像と実像』，講談社現代新書，1998年.

IV 社会・経済

小玉新次郎『隊商都市パルミラ』，オリエント選書，1985年.

坂口明「2世紀および3世紀初頭のコロヌスの法的・社会的地位」『史学雑誌』86-4，1977年.

坂口明「いわゆる葬儀組合について」『西洋古典学研究』50，2002年.

村川堅太郎『羅馬大土地所有制』，日本評論社，1949年（『村川堅太郎古代史論集』第3巻，岩波書店，1987年所収）.

M・ロストフツェフ『ローマ帝国社会経済史』(上)(下)(坂口明訳), 東洋経済新報社, 2001年.

V 文学・思想

ピエール・グリマル『ラテン文学史』(藤井昇ほか訳), 白水社文庫クセジュ, 1966年.
高津春繁『古代ギリシア文学史』, 岩波書店, 1952年.
田中美知太郎『ソフィスト』, 弘文堂, 1941年(『田中美知太郎全集』第3巻, 筑摩書房, 1985年所収).
逸見喜一郎『古代ギリシア・ローマの文学=韻文の系譜=』, 放送大学教育振興会, 2000年.
南川高志「ローマ帝国とギリシア文化」, 藤縄謙三編『ギリシア文化の遺産』南窓社, 1993年.
弓削達『素顔のローマ人』, 河出書房新社, 1991年.

VI 美術・建造物

青柳正規編『古代地中海とローマ』(世界美術大全集・西洋編5), 小学館, 1974年.
青柳正規『古代都市ローマ』, 中央公論美術出版, 1990年.
青柳正規『皇帝たちの都ローマ　都市に刻まれた権力者像』, 中公新書, 1992年.
辻茂編『ローマ美術』(体系世界の美術6), 学研, 1974年.
R・B・バンディネッリ『ローマ美術』(吉村忠典訳), 新潮社, 1974年.
弓削達編『ローマ帝国の栄光』(世界の大遺跡6), 講談社, 1987年.
J・B・ワード=パーキンズ(桐敷真次郎訳)『ローマ建築』, 本の友社, 1995年.
Benedetta Adembri, *Hadrian's Villa*, Venice, 2000.
Mary T. Boatwright, *Hadrian and the Cities of the Roman Empire*, Princeton University Press, 2003.
Fillipo Coarelli, *Lazio* (Guide Archeologiche Laterza), Roma-Bari, 1993.
Fillipo Coarelli, *Roma* (Guide Archeologiche Laterza), Roma-Bari, 2008.
Frammenti del passato tesori dall'ager Tiburnus, a cura di Marina Sapelli Ragni, Milano, 2009.

VII 文学・古典翻訳書

アエリウス・スパルティアヌスほか『ローマ皇帝群像1』(南川高志訳), 京都大学学術出版会, 2004年.
ピロストラトスほか『哲学者・ソフィスト列伝』(戸塚七郎ほか訳), 京都大学学術出版会, 2001年.
プルタルコス『プルタルコス英雄傳』8～12巻(河野与一訳), 岩波文庫, 1955-56年.

Ⅷ 事典・歴史地図

Barrington Atlas of the Greek and Roman World, Princeton University Press, 2000.

The Oxford Classical Dictionary, 3 rd ed., Oxford, 1996.

長谷川岳男／樋脇博敏『古代ローマを知る事典』，東京堂出版，2004年.

リチャード・タルバート編『ギリシア・ローマ歴史地図』（野中夏実／小田謙爾訳），原書房，1996年.

訳者略歴
北野徹（きたの・とおる）
一九三八年生まれ。一九六二年東京大学法学部卒。
一九七〇〜七二年フランス留学。
TIS㈱取締役、日本ケーブル・アンド・ワイヤレスCSL㈱常務、TIS㈱監査役、㈱TIS東北ソフトウエアエンジニアリング社長を歴任。現在、㈲エクステリア総合研究所社長。

主要訳書
P・グリマル『ローマの古代都市』（白水社文庫クセジュ七六七番）
P・グリマル『アウグストゥスの世紀』（白水社文庫クセジュ八七二番）
P・グリマル『古代ローマの日常生活』（白水社文庫クセジュ八八五番）
A・グランダッジ『ローマの起源』（白水社文庫クセジュ九〇二番）
クリスティアン＝ジョルジュ・シュエンツェル『クレオパトラ』（白水社文庫クセジュ九一五番）
P／プティ／A・ラロンド『ヘレニズム文明』（白水社文庫クセジュ九二八番）
D・マクレガー『プロフェッショナル・マネジャー』（共訳、産業能率短期大学出版部）

ハドリアヌス帝
文人皇帝の生涯とその時代

二〇一〇年三月　五日　印刷
二〇一〇年三月二五日　発行

訳　者　© 北　野　　徹
発行者　及　川　直　志
印刷所　株式会社　平河工業社
発行所　株式会社　白　水　社

東京都千代田区神田小川町三の二四
電話　営業部〇三（三二九一）七八一一
　　　編集部〇三（三二九一）七八二一
振替　〇〇一九〇―五―三三二二八
郵便番号一〇一―〇〇五二
http://www.hakusuisha.co.jp
乱丁・落丁本は、送料小社負担にてお取り替えいたします。

製本：平河工業社
ISBN978-4-560-50945-6
Printed in Japan

文庫クセジュ

歴史・地理・民族（俗）学

62 ルネサンス
79 ナポレオン
116 英国史
133 十字軍
160 ラテン・アメリカ史
191 ルイ十四世
202 世界の農業地理
297 アフリカの民族と文化
309 パリ・コミューン
338 ロシア革命
351 ヨーロッパ文明史
382 海賊
412 アメリカの黒人
428 宗教戦争
446 東南アジアの地理
491 アステカ文明
506 ヒトラーとナチズム
530 森林の歴史
536 アッチラとフン族
541 アメリカ合衆国の地理
557 ジンギスカン
566 ムッソリーニとファシズム
568 ブラジル
586 トルコ史
590 中世ヨーロッパの生活
597 ヒマラヤ
602 末期ローマ帝国
604 テンプル騎士団
610 インカ文明
615 ファシズム
636 メジチ家の世紀
648 マヤ文明
664 新しい地理学
665 イスパノアメリカの征服
669 新朝鮮事情
684 ガリカニスム
689 言語の地理学
705 対独協力の歴史
709 ドレーフュス事件
713 古代エジプト
719 フランスの民族学
724 バルト三国
731 スペイン史
732 フランス革命史
735 バスク人
743 スペイン内戦
747 ルーマニア史
752 オランダ史
755 朝鮮半島を見る基礎知識
760 ヨーロッパの民族学
766 ジャンヌ・ダルクの実像
767 ローマの古代都市
769 中国の外交
781 カルタゴ
782 カンボジア
790 ベルギー史
791 アイルランド
806 中世フランスの騎士
810 闘牛への招待